Amors vergiftete Pfeile

Für meine Frau Traudl,
Gefährtin in Gut und Schwierig,
in Entspannung und Konflikt,
miteinander erreichen wir alles,
von Liebe getragen.

ISBN:	978-3-7088-0469-9
Copyright:	Kneipp-Verlag GmbH und Co KG Lobkowitzplatz 1, A-1010 Wien www.kneippverlag.com
Autor:	Dr. Rüdiger Opelt
Lektorat:	Mag. Eva Manhardt
Korrektorat:	Claudia Plitmann
Grafik:	Raimund Lhotak
Covergestaltung:	Silvia Wahrstätter, www.vielseitig.co.at
Coverfoto:	iStockphoto.com
Druck:	CPI Moravia Books s.r.o. Brněnská 1024 CZ-691 23 Pohořelice

1. Auflage, September 2009

Rüdiger Opelt

AMORS
VERGIFTETE PFEILE

Nie wieder Pech in der Liebe
Schluss mit verfahrenen Beziehungsmustern

Inhalt

Einleitung

Partnerschaftskonflikte, auseinanderbrechende Ehen und Familien nehmen in unserer Gesellschaft überhand, machen unglücklich und krank. Viele Menschen sind ein Leben lang auf der Suche nach dem Liebesglück und landen doch immer wieder bei Liebeskummer, beim falschen Partner oder bei Enttäuschungen, die sich tief in die Seele fressen, bis man sich schließlich aus Angst vor weiteren Verletzungen gar nicht mehr verlieben kann.

Dieses Buch geht der Frage nach, warum sich viele Menschen immer wieder unglücklich verlieben, an die falschen Partner geraten und warum viele Partnerschaften trotz anfänglicher Romantik in Streit, Hass und Scheidung enden. Es zeigt die vielen Fallstricke auf, die sich aus der Komplexität der modernen Beziehungen ergeben – mit all den Wünschen und Erwartungen, die oft nicht erfüllbar sind. Was uns auch interessiert, ist, warum Menschen miteinander verbunden bleiben, die in einer Art Hassliebe aneinandergekettet sind, welche sich destruktiv auf die Entwicklung beider Partner auswirkt und oft negativ endet.

Es wird zunächst erklärt, was Partnerbeziehung eigentlich ist. Speziell wird auf geheime oder unbewusste Partnermuster eingegangen, die sich aus der Familiengeschichte ableiten lassen. Wenn die Suche nach dem richtigen Partner wie „verhext" ist, dann sind nicht selten die negativen Modelle der Vorfahren schuld daran.

Sodann werden die verschiedenen Arten der Liebesprobleme erklärt, die in diesem Buch als Amors vergiftete Pfeile bezeichnet werden: von frustrierten Sehnsüchten, verbotenen Lieben, sexuellen Problemen und Seitensprüngen bis zur fehlenden Gestaltung des gemeinsamen Alltags. Es werden jeweils auch die Lösungen für jedes dieser Probleme aufgezeigt.

Im dritten Teil werden die Wege zum Liebesglück behandelt. Romantik, Zärtlichkeit und Respekt vor dem Wesen des anderen u.v.m. All dies sind im Alltag und in Partnertherapien bewährte Rezepte, um eine verfahrene Liebe wieder in Gang zu bringen. Daraus ergibt sich einerseits eine Checkliste, um die Schwachpunkte der eigenen Beziehung zu finden, und gleichzeitig ein Übungsprogramm, um sein Liebesglück zu fördern und zu bewahren.

Das Buch wendet sich an Singles, an Paare in der Krise, an Verlassene oder soeben Getrennte. Kurz an alle, die mit ihrer Partnerschaft (noch) nicht glücklich sind, aber auch an junge Leser, die lernen wollen, was sie in ihrer Liebe richtig machen können.

Ihnen allen wünsche ich, dass Sie das Glück Ihres Lebens finden und mit Ihrer Liebe zufrieden werden. Wenn Sie dies schon sind, dann lesen Sie dieses Buch als Auffrischung Ihrer Beziehung. Vielleicht entdecken dabei Sie auch neue Themen, die Sie mit Ihrem Partner teilen wollen.

Rüdiger Opelt

PS: „Partner" ist in diesem Buch sowohl als männlicher Partner als auch als PartnerIn gemeint. Die Begriffe Partner und Partnerin werden abwechselnd verwendet. Gemeint ist damit immer die Beziehung aus der Sicht des Partners und spiegelbildlich aus der Sicht der Partnerin. Damit der Text nicht zu sperrig wird, werden nicht jedes Mal beide Sichtweisen beschrieben. Wie in jeder Beziehung gelten aber alle Gefühle und Empfindungen wechselweise. Die Namen und Fakten der geschilderten Paare wurden vom Autor geändert, um deren Anonymität zu geährleisten.

Teil 1: Woher kommt das Pech in der Liebe? Warum Amors Pfeile Unheil stiften

❱ WIE AMORS PFEILE TREFFEN

Dass die Liebe seltsame Kapriolen schlagen kann, war schon den alten Römern bekannt. Sie schoben es dem Liebesgott Amor in die Schuhe, dass manchmal Leute füreinander entflammten, die auf den ersten Blick beileibe nicht zusammenpassten. Wenn es dem jungen Gott in seinem Übermut so gefiel, dann konnte er allerhand Unfug anstellen. Wer von einem Amorpfeil getroffen wurde, der verliebte sich auf der Stelle. Dabei war Amor ein gar lustiger Geselle. Er konnte tun und lassen, was er wollte, und verschickte seine Liebespfeile, wohin auch immer er wollte. Er konnte einen gestandenen Mann so zum Narren machen, dass dieser durch einen Amorpfeil in Liebe zu einem Hund, einem Pferd oder einer hässlichen Frau entflammte. Auch heute haben wir manchmal den Eindruck, dass Gott Amor nicht ganz bei Trost ist, wenn er zwei Leute durch seine Pfeile verbindet, die in den Augen ihrer Bekannten überhaupt nicht zusammenpassen.

Die Geschichte von Amor und Venus kennt jedes Schulkind. Was uns in der Schule aber verschwiegen wurde, ist folgender Teil der Geschichte: Amor erhielt seine Pfeile von seiner Mutter Venus. Wenn der Liebesgöttin Tribut gezollt und die Liebe mit Respekt behandelt wurde, dann steckte Venus ihrem Sohn ausschließlich gute, glückbringende Pfeile in den Köcher. Wenn Venus beleidigt worden war, dann steckte sie ihrem Sohn Amor vergiftete Pfeile zu. Und dieser, ohne etwas von seiner gefährlichen Fracht zu wissen, schickte diese schlechten Botschaften in die Herzen der Menschen. Daraus ergibt sich, dass jeder Verrat an der Liebe, der die Liebesgöttin beleidigt, zum negativen Muster wird. Der Verrat an der Liebe kehrt als Hindernis in der Partnerschaft zurück.

Entsprechend der Wirkung der Pfeile lassen Amors Schießkünste sich in fünf Arten unterteilen, je nachdem, um welche Art von Liebe es sich handelt:

Die perfekte Liebe

In der Regel verlieben sich Paare ineinander, die gute Chancen haben, eine glückliche Zeit miteinander zu verbringen. Bei der perfekten Liebe entflammen beide Partner in gleich intensiver Weise füreinander. Das heißt, jeder der beiden Liebenden trifft ein gleich starker Pfeil Amors. Das ist das, wonach sich alle Liebenden sehnen, man findet es aber eher selten. Wenn Sie diese Liebe bereits gefunden haben, dann lesen Sie nicht weiter, denn Sie werden die Tipps in diesem Buch nicht brauchen. Es kann aber sein, dass eine anfangs perfekte Liebe sich später in eine giftige verwandelt. Heben Sie sich also dieses Buch für später auf.

Die normale Liebe

Die meisten Lieben sind nicht perfekt. Es gibt Probleme, Konflikte und Reibungspunkte. Die Partner sind sich in vielem nicht einig, leiden an ihrer Verschiedenheit. Dennoch ist diese Liebe lebbar; die Energie der Herzen reicht aus, um das Paar viele Jahre, vielleicht ein Leben lang aneinander zu binden. Auch wenn Sie in einer normalen Liebe leben, können Sie zufrieden sein.

Die einseitige Liebe

Manchmal gefällt es Amor, nur einen Menschen mit einem Pfeil zu versehen, den dabei Auserwählten aber völlig unberührt zu lassen. Dann verliebt sich ein Mensch bis über beide Ohren in einen anderen, den dies völlig kalt lässt. Dabei entsteht in der Regel großer Liebeskummer. Das Herz bleibt über lange Zeit an der falschen Stelle gebunden. Man legt es jemandem zu Füßen, der damit nichts anfangen kann, und leidet darunter, dass die Liebe nicht erwidert wird. Dies ist das Problem vieler Singles, die immer wieder an den Falschen oder die Falsche geraten. Dahinter steckt nicht selten eine unbewusste Bindungsangst. „Wenn ich mich in die Falschen verliebe, kann mir die Liebe nicht gefährlich werden."

Die ungleiche Liebe

In diesem Fall verlieben sich zwei Persönlichkeiten, die eigentlich gar nicht zusammenpassen. Lachen Sie nicht! Dies passiert tatsächlich oft genug. Menschen, die in Körpergröße, Aussehen und Temperament völlig verschieden sind, ziehen einander trotzdem magisch an. Alle guten Ratschläge von Eltern und Freunden, man möge sich doch einen Partner suchen, der besser zu einem passt, helfen in diesem Fall nichts.

Diese Liebenden scheint gerade das Andersartige, das Gegensätzliche zu faszinieren. Der Partner hat genau das, was mir fehlt, ergänzt mich dadurch auch. Ungleich Liebende suchen die Herausforderung. In diesem Gegensatzpaar wird einem auch nie langweilig. Dies ist eine Chance für die Persönlichkeitsentwicklung beider Partner. Wenn ich mich der Herausforderung stelle, muss ich neue Eigenschaften und Fähigkeiten entwickeln, um mit der Andersartigkeit meines Partners umgehen zu können.

Ungleiche Partner werden trotz aller Probleme glücklich miteinander, wenn sie lernen, den anderen so sein lassen, wie er ist. Sie entwickeln dann ein Miteinander, welches genügend Abstand beinhaltet. Sie mischen sich in das Leben des anderen nicht allzu sehr ein und gewähren sich Freiheit und Respekt.

Die vergiftete Liebe

Dabei handelt es sich um negative Partnermuster, die unglücklich machen und in den Untergang führen. Amors Giftpfeile verbinden zwei Menschen in einer Hassliebe, die zu Unglück, Selbstmord oder zu psychosomatischen Krankheiten führt. Diese Partnermuster haben nicht selten ihren Ursprung in der Familiengeschichte, wurden von den Eltern und Großeltern übernommen, die ebenfalls unglücklich waren. Sie entladen sich oft in Rosenkriegen, wo zwei Menschen trotz Scheidung nicht voneinander loskommen. Solche Muster müssen unbedingt aufgelöst werden, wenn man nicht am Ende allein und unglücklich dastehen will.

Haben Sie schon entdeckt, zu welcher Art von Liebe Sie neigen und in welcher Form von Liebe Sie gerade stecken? Sind Sie damit vielleicht nicht ganz zufrieden und würden gerne von der vergifteten in die normale Liebe oder von der einseitigen in die perfekte Liebe wechseln? Meinen Glückwunsch – Sie haben soeben den ersten und wichtigsten Schritt getan, um Ihr Liebesleben dramatisch zu verbessern und im siebten Himmel zu landen. Nun müssen Sie nur noch den Giftpfeil der unglücklichen Liebe aus Ihrem Herzen ziehen und sich dort aufstellen, wo Amor die guten Pfeile verteilt.

Wie das geht, lernen Sie in diesem Buch.

❭ ARTEN DER GIFTPFEILE

Psychologen und Partnertherapeuten haben jede Menge Theorien aufgestellt, warum in Beziehungen Krisen ausbrechen und warum sich Menschen das Leben schwer machen, die einander doch eigentlich lieben. Diese Theorien haben eines gemeinsam: Sie sind kompliziert und für den Laien schwer verständlich. Dennoch machen viele Partner die Erfahrung, dass sie in ihrer Liebe so verletzt werden, als würde der Partner mit Pfeilen auf einen schießen.

Der Einfachheit halber wollen wir uns daher die verschiedenen Streitformen so vorstellen, als würde Amor verschiedene Formen von Pfeilen verwenden, um verschiedene Arten der Liebe hervorzurufen. Nicht zufällig haben langjährige Partner oft das Gefühl, dass der andere ständig Giftpfeile abschießt, um einen an seinem wunden Punkt zu treffen. Die Pfeile werden von Amor (oder vom Schicksal) benutzt, um ein bestimmtes Muster der Partnerschaft zu erschaffen.

Stumpfe Pfeile

Diese Pfeile haben eine stumpfe Spitze. Sie dringen daher nicht tief in unser Herz ein, wirken aber durch ihre Wucht wie ein Schlag gegen den Brustkorb. „Ich fühle mich bei dir wie erschlagen", ist die Klage dessen, der von einem stumpfen Amorpfeil getroffen wird. Nach einem Streit, bei dem stumpfe Pfeile verschossen wurden, ist das Herz eine Zeitlang wie gelähmt und man fühlt oft gar nichts mehr, wo vorher Liebe war.

Bei allem Schmerz hat der stumpfe Pfeil auch einen positiven Sinn: Er rüttelt wach und weckt die Kräfte. Streitende, die sich mit stumpfen Pfeilen beschießen, messen ihre Kräfte wie bei einem Ringkampf. Oft wird man dabei aus festgefahrenen Mustern gehebelt. Neue Erkenntnisse treffen einen wie ein Schlag. Konflikte wecken die Betroffenheit und dies ist vorteilhaft, um neue Wege und Richtungen einzuschlagen.

Im Schlagabtausch werden aufgestaute Aggressionen durchlebt und abgebaut. Dabei entstehen mit der Zeit eine Kultur des Konflikts und ein Ausgleich der verschiedenen Interessen beider Partner.

Spitze Pfeile

Spitze Pfeile treffen mitten ins Herz. Sie dringen tief ein und erwischen uns an unserem wundesten Punkt. „Du stichst mir ins Herz", „Du bohrst in meinen Wunden", klagen die Betroffenen. Dabei entstehen Kränkungen, die sehr weh tun, einer oder beide Partner sind lange Zeit tief verletzt. Spitze Pfeile machen meist zentrale Probleme einer Beziehung sichtbar. Die Beziehung erscheint in Zeiten „zugespitzter" Konflikte gefährdet, manches Fehlverhalten unverzeihlich.

Dennoch haben auch die Kränkungen durch spitze Pfeile ihren Sinn: Weil dabei die wunden Punkte unserer Seele berührt werden, kommen unsere alten Verletzungen hoch und können dadurch verheilen. Spitze Pfeile sind vergleichbar der Operation eines Arztes, der eine Wunde aufschneiden muss, damit alter Eiter abfließen kann. Der Schmerz legt die Selbstheilungskräfte unseres Herzens frei und reinigt es von schlechten Gefühlen.

Wenn Sie also gekränkt sind, dann lassen Sie den Eiter herausfließen. Sie haben ein Recht auf Ihre Verletzlichkeit und diese hat den Sinn, die Sensibilität ihres Herzens zu schützen. Wenn Sie in ein Fettnäpfchen

Ihres Partners getreten sind, dann nehmen Sie dessen Kränkung ernst. Gehen Sie achtsam mit den Verletzungen des Partners um. Legen Sie Salben und Verbände auf dessen offene Wunden: Durch einen liebevollen Umgang verheilen die Verletzungen und die Liebe ist dann tiefer als je zuvor.

Betäubungsgift

Manche Pfeile sind mit einem Betäubungsgift getränkt, welches eine lähmende Wirkung hat. „Du betäubst mich", „Du machst mich ganz gefühllos", „Du nimmst mir meine Gefühle", so die Klagen der Betroffenen. Der von einem Betäubungspfeil Getroffene ist dann wie gelähmt und lässt kritiklos alles mit sich geschehen. So erging es in früheren Zeiten den Ehefrauen, die scheinbar keinen eigenen Willen hatten und das taten, was die Männer von ihnen wollten.

Der Betäubungspfeil hat den Vorteil, dass man seine Schmerzen vergessen kann. Wie die Spritze eines Anästhesisten schaltet er die Empfindungen des Patienten für einige Zeit aus. Man kann dann verdrängen und seinen Gefühlen ausweichen. Man muss nicht die Verantwortung für sein eigenes Leben übernehmen und kann seine Ängste vergessen. Und dies ist oft alles, was man sich in schwierigen Zeiten wünscht.

Die Lösung, um aus dieser Betäubung zu erwachen, ist ein spitzer Pfeil, sprich ein offener Konflikt, der die Probleme sichtbar macht. Dies ist etwa in der Frauenemanzipation geschehen, wo die zuvor „zufriedenen" Frauen aus der Betäubung in ihrer klassischen Rolle ausbrachen.

Rauschgift

„Ich brauche dich." Dies ist der zentrale Satz in vielen Partnerschaften, in denen man süchtig nach dem Partner ist und glaubt, ohne ihn nicht leben zu können. Auf Amors Pfeilspitze ist ein Rauschmittel aufgetragen, das uns vom Partner abhängig macht. Dann verliert man sich so in der Partnerschaft, dass die eigenständige Persönlichkeit sich auflöst.

Wenn man sich verliebt, dann wird dieser Zustand wie ein Rausch erlebt. Viele versuchen, diesen berauschenden Zustand zu verewigen und liebestrunken zu bleiben. Dies hat durchaus etwas Beglückendes: Der Partner gibt einem Energie und baut einen auf. Es besteht aber dabei die Gefahr, dass ein Partner den anderen aussaugt. Alkohol und Drogen werden notwendig, um den Suchteffekt auf Dauer halten zu können. Der Partner wird zum Konsumartikel, an den immer höhere Genusserwartungen gestellt werden. Es wird eine immer höhere Dosis des Suchtgifts nötig. Daher muss immer mehr getan werden, um den Süchtigen zu befriedigen. Wenn dies nicht mehr gelingt, wird einfach der Partner gewechselt und ein neues Suchtmittel gewählt. Entsprechend groß sind dann die Entzugserscheinungen für denjenigen, der verlassen wird.

Atemgift

In manchen Amorpfeilen steckt ein Gift, das uns die Luft zum Atmen raubt. Dieser Pfeil bewirkt, dass sich die Partner aneinander klammern und ständig die Nähe des anderen suchen. Die Umarmung wird zu einer Umklammerung, die so eng ist, dass der Brustkorb sich nicht mehr bewegen kann. Vor lauter Nähe ersticken wir den anderen und kleben aneinander. Wir getrauen uns nicht mehr uns zu bewegen, aus Angst, den anderen zu irritieren.

Die Lösung dieses Problems liegt auf der Hand: Die beiden Partner müssen ihre Eigeninteressen ernst nehmen. Sie müssen sich selbst Raum geben und dem Partner Raum lassen. So wie der libanesische Autor Kahlil Gibran in seinem Gedicht zur Ehe beschreibt: „Steht wie die Bäume und lasst Platz zwischen euch, damit der Wind frei wehen kann." Wenn der Rhythmus von Nähe und Distanz, von Alleinsein und Wiedersehen gefunden ist, dann verschwinden die Erstickungsgefühle.

Widerhaken

In anderen Amorpfeilen steckt ein Widerhaken, sodass eine Wunde im Herzen immer wieder aufgerissen wird, wenn man an diesem Pfeil rührt. Dann verläuft die Kommunikation zwischen den Partnern so, dass man sich ständig aufgestachelt fühlt und mit stacheligen Pfeilen zurückschießt. Solche stacheligen Partner streiten und diskutieren viel. Dies ist einerseits nervtötend, andererseits weckt der Widerhaken die Energie und das Feuer in der Beziehung, löst Erstarrung und treibt die Entwicklung der Partner voran. Der Widerhaken löst sich erst auf, wenn sich die Beziehung der Partner zum Positiven transformiert hat. Dann finden die Partner kreative Lösungen, um mit dem Stachel im Fleisch anders umzugehen.

Gleiche Pfeile in zwei Herzen

Die meisten Paare träumen davon, dass der Partner einem gleicht und ähnlich gestrickt ist wie man selbst, denn dann würde man sich gleichsam wie von selbst verstehen. Tatsächlich haben viele Partner ähnliche Lebensthemen, in denen sie sich treffen. Dann hat Amor die gleichen Pfeile in ihren Herzen versenkt und man trifft sich auf der gleichen Ebene. Dies ist bei positiven Gefühlen wunderbar, kann bei negativen aber durchaus Probleme machen:

Widerhaken – Widerhaken:
Wir stacheln uns gegenseitig auf. Jeder hat den Haken in der Wunde des anderen. Dies beinhaltet die Gefahren der Eskalation, der Kränkungen und der hysterischen Streitausbrüche.

Spitz – spitz:
Beide Partner wühlen in den Wunden des anderen. Einer ist ständig gekränkt. Die Beziehung versinkt in einem Sumpf aus Gefühlen, die ständig analysiert werden müssen.

Betäubung – Betäubung:
Beide Partner lähmen sich gegenseitig und entwickeln sich immer weniger. Das Potenzial der Partner wird nicht mehr in die Beziehung eingebracht und verkümmert. Es wird langweilig. Am Schluss wird die Beziehung wie ein Gefängnis erlebt, aus dem man nur mehr ausbrechen kann.

Gleiche Pfeile in mehrere Herzen

Wenn Amor seinen verspielten Tag hat, dann reicht es ihm nicht, durch seine Pfeile zwei Menschen in Liebe entflammen zu lassen. Wenn er in Höchstform ist, dann steigert er sich in eine wahre Geometrie der Pfeilverbindungen hinein, mit welchen er drei, vier oder fünf Menschen aneinanderkettet.

Eine häufige Form davon ist das Dreieck: Ein Mann trifft zwei Freundinnen und verliebt sich in eine der beiden. Dieser ist der Mann aber herzlich egal, während sich ihre Freundin in den Mann verliebt. Nennen wir die drei Gabi, Andrea und Gerhard. Gerhard liebt Andrea, Gabi liebt Gerhard und Andrea ist eifersüchtig auf Gabi, weil sie ihre wichtigste Freundin nicht an Gerhard verlieren will. Die sich daraus ergebenden Eifersuchtsdramen werden die drei eine ganze Weile beschäftigen und am Schluss bekommt oft keiner der drei den Menschen, in welchen er sich verliebt hat.

Eine beliebte Form ist auch das Viereck, das manchmal auftritt, wenn zwei Paare in der Krise aufeinandertreffen. Manfred und Sabine, Thomas und Monika sind zwei Paare, die oftmals ihre Freizeit miteinander verbringen. Als es zwischen Manfred und Sabine kriselt, verliebt sich Manfred in Monika. Deshalb wird Thomas eifersüchtig und revanchiert sich, indem er Sabine umwirbt. Bald ergibt sich eine dynamische Viererkette: Manfred liebt Monika, Monika liebt Thomas, Thomas liebt Sabine und Sabine liebt Manfred. Wie im Fußballstadion führt die Viererkette dazu, dass alle mauern und kein Ball mehr ins Tor geht, sprich, keiner der vier die Liebe bekommt, nach der er sich sehnt.

Eine weitere Pfeilverbindung ist die schlangenförmige Kette, die häufig bei instabilen, rasch wechselnden Beziehung entsteht. Ursula liebt Manfred und bringt damit dessen Ehe mit Sabine durcheinander. Nachdem er die Treue ohnehin schon gebrochen hat, macht Manfred sich an Monika heran. Die liebt aber immer noch ihren Thomas. Thomas umgarnt Sabine – und die hat von dem ganzen Theater bald die Schnauze voll und tröstet sich mit Rudi, der aber eigentlich noch an Ingrid hängt. Da Ingrid eine Bekannte von Ursula ist, mit der sie von

Zeit zu Zeit den neuesten Tratsch austauscht, entdecken die beiden im Kaffeehaus schließlich die ganze Kette, die bei Ursula beginnt und bei Ingrid endet.

Durch Liebesketten sorgt Amor für sehr viel Dynamik im Liebesleben, aber auch für viel Liebeskummer. Liebesketten passieren häufig, wenn sich etwas ändern soll, also bei jungen Menschen, die den richtigen Partner noch suchen, oder bei Paaren, die aus einer festgefahrenen Bindung ausbrechen wollen. Liebesketten öffnen unser Herz für Neues und enden, wenn wir eine neue Liebe gefunden haben oder die alte Liebe auf eine neue Basis stellen.

Verschiedene Pfeile in zwei Herzen

Noch spannender wird es, wenn Amor in die Herzen zweier Partner verschiedene Pfeile versenkt. Dies sorgt für Dynamik in der Beziehung, denn man ist ja ständig über die Reaktionen seines Partners überrascht. Zur Verletzung kommt noch das Unverständnis für den Schmerz des anderen dazu. Man kann ihm seinen Schmerz nicht nachfühlen, dann man selbst fühlt ja etwas ganz anderes.

Die Lösung einer solchen spannungsgeladenen Dynamik liegt darin, dem Partner vorurteilslos zuzuhören und sich in dessen Welt einzufühlen. Wenn man beginnt, die Gefühle und Verletzungen des anderen zu verstehen, entsteht eine tiefe Form von Kommunikation, die auch klare Handlungsanweisungen beinhaltet, wie man seinem Partner in Kränkungssituationen begegnen kann, um ihn aus seiner Verletzung wieder herauszuholen.

Atemgift – Widerhaken:
„Du nimmst mir die Luft zum Atmen." – „Du stachelst mich auf." Dies ist eine häufige Kombination von Verletzungsmustern. Dem Mann wird eng, er schweigt oder zieht sich zurück. Die Frau fühlt sich davon bedroht und bombardiert ihn mit Vorwürfen. Wenn die Frau lernt, dem Mann Raum und Freiheit zu lassen, und der Mann begreift, dass er die Verletzungen seiner Frau ernst nehmen muss, dann löst sich das Muster auf.

Rauschgift – Betäubungsgift

„Ich bin süchtig nach dir." – „Du lähmst mich." Die Frau ist süchtig nach dem Mann und drängt auf Nähe, himmelt ihn an. Der Mann fühlt sich von so viel Liebe gelähmt, braucht aber auch die Bewunderung. Wenn die Frau mehr auf die eigenen Interessen schaut, statt dem Partner nachzulaufen, und der Mann seine Konflikte in der Beziehung offen ausspricht, verbessert sich die Kommunikation in der Beziehung.

Stumpf – spitz:

„Du erschlägst mich." – „Du stichst mir ins Herz." Eine häufige Konstellation in Streitbeziehungen. Der Mann versucht, sich mit Wucht und Kraft durchzusetzen, Die Frau ist ständig gekränkt und verletzt. Wenn die Frau lernt, sich vor der Aggression des Mannes nicht mehr zu fürchten, und wenn der Mann begreift, dass er die Kränkungen seiner Frau ernst nehmen muss und auf sie eingeht, dann findet ein Ausgleich zwischen Kraft und Gefühl statt, welcher der Beziehung gut tut.

Sie sehen, dass Auseinandersetzung und Kommunikation zwischen Paaren viele verschiedene Formen annehmen kann, welche auch allesamt ihre Bedeutung haben. Deshalb sind Ratschläge von außen meist fruchtlos, weil sie der jeweiligen Realität einer bestimmten Beziehung nicht gerecht werden. Wenn aber ein Paar seine Kommunikation offen betrachtet, kann es neue Regeln einführen und vor allem zu positiven Lösungen finden, wie sie im dritten Teil des Buches beschrieben werden. Dann kann man z.B. eine Auseinandersetzung mit stumpfen Pfeilen zu einem Kräftemessen umdeuten, welches zu gegenseitigem Respekt führt. Der Kampf mit spitzen Pfeilen wird dann zur Offenlegung der tiefsten Gefühle des Paares, welche Verständnis und Liebe nur noch größer machen.

Verschiedene Pfeile in verschiedene Herzen

Manchmal macht Amor es den Liebenden wirklich schwer und stellt sie vor unlösbare Aufgaben. Wenn ihn der Teufel reitet, dann verwechselt er die Liebesgeometrie mit einem abstrakten Kunstwerk und kettet viele Menschen mit verschiedenen Pfeilen aneinander. Er sorgt für so viel Liebeskummer, dass bei allen Beteiligten viele Verletzungen zutage treten. Am Ende weiß eigentlich keiner mehr so genau, was tatsächlich los ist.

Das geht zum Beispiel so: Manfred und Sabine haben eine Atemgift-Widerhaken-Beziehung. Manfred fühlt sich ständig von Sabine eingeengt. Sabine fühlt sich von Manfreds diesbezüglichen Bemerkungen so aufgestachelt, dass sie Manfred immer wieder mit Vorwürfen provoziert. Manfred fängt daraufhin seine Affäre mit Monika an, wo er sich anfangs frei und glücklich fühlt. Sobald es aber ernster wird, kommt sein Atemgift-Gefühl zurück und er hält auch Monika auf Distanz. Er findet sich nun in einer Atemgift-Rauschgift-Beziehung wieder, denn Monika ist immer süchtig nach dem Partner, in den sie verliebt ist. Je mehr sich Manfred distanziert, desto mehr drängt Monika auf Nähe und umgarnt ihn mit all ihrer Liebe, bis Manfred die Beziehung abbricht und zu Sabine zurückkehrt.

Das wirft Monika auf ihre Beziehung zu Thomas zurück, welche seit Jahren eine Rauschgift-Betäubungsgift-Beziehung ist. Als Monika um Manfred buhlte, konnte Thomas aus der Entfernung wieder die tiefe Liebe spüren, die er für Monika empfunden hatte. Als Monika und Thomas sich versöhnen, sind sie für kurze Zeit wieder im Liebesrausch wie am Anfang ihrer Beziehung. Im Rauschzustand fließt Monika vor Liebe völlig über, denn dies ist der wundervolle Zustand, nach dem sie sich immer sehnt. Je mehr ihn Monika aber mit Liebe überhäuft, desto mehr fühlt sich Thomas in seiner Ehe wie gelähmt und bald empfindet er gar nichts mehr für Monika. Die beiden sind wieder beim zentralen Problem ihrer Ehe angelangt, worüber sie seit Jahren unglücklich sind.

Schließlich kommt Thomas zum Schluss, dass die Liebe mit Monika einfach nicht klappt und wendet sich Sabine zu (was auch eine verspätete Rache an Manfred ist). Nachdem bei allen Beteiligten die Nerven bereits blank liegen, dauert es nicht lange, bis die Affäre zwischen Thomas und Sabine stressig wird. Wenn Thomas und Sabine durch die verschiedenen Eifersuchtsreaktionen ihrer Ehepartner unter Druck geraten, dann entwickeln sie eine Widerhaken-Betäubungsgift-Beziehung. Auch Sabine gegenüber empfindet Thomas bald nichts mehr und dies bringt diese völlig in Rage. Sie schießt sich mit ihren Vorwürfen im Dauerfeuer auf Thomas ein und ihre Provokationen wecken diesen langsam auf. Seine Betäubung löst sich und er lässt langsam Gefühle zu. Allerdings entdeckt er, dass Monikas überschwängliche Liebe doch viel angenehmer zu ertragen ist als Sabines Sticheleien. Er kehrt zu seiner Frau zurück und kann jetzt etwas mehr Gefühle zulassen. Allerdings hat er von Sabine gelernt, dass sich durch Sticheleien der Liebesüberschwang dämpfen lässt. Wenn ihm in Zukunft Monika zu viel wird, dann hält er sie mit provokanten Bemerkungen in jener Distanz, welche er gut aushält.

Auch Sabine entdeckt, dass das Freiheitsstreben ihres Mannes leichter zu handhaben ist als die Gefühllosigkeit ihres Freundes. Sie akzeptiert, dass Manfred Distanz braucht, wenn er sich provoziert fühlt. Sie hat sich aber von Thomas ein Stück Gefühlskälte abgeschaut. Wenn Sabine sich gegenüber Manfreds Fluchtversuchen scheinbar gleichgültig und unbeteiligt gibt, dann kommt dieser ganz von selbst zurück und sucht von sich aus Sabines Nähe.

Sie sehen schon: Das Gefühlschaos, welches Amor mit seinem Mix an verschiedenen Pfeilen auslöst, macht trotz aller Beschwerden Sinn. Das Durcheinander bricht festgefahrene Verletzungsmuster auf und zwingt uns, neue Lösungen zu entwickeln. Paare, die sich nach solchen Beziehungskrisen neu finden, erweitern meist ihre Kompetenz, dem anderen das zu geben, was er braucht. Dem Chaos der Seitensprünge kann man im Nachhinein somit auch manchmal etwas Positives abgewinnen: Es kann letztlich zu größerer Stabilität in der Beziehung führen.

❯ ALTE PARTNERMUSTER

Wenn wir uns verlieben, haben wir meist bestimmte Vorstellungen in uns, wie die Liebe ablaufen wird. Diese Vorstellungen sind geprägt durch das Vorbild unserer Eltern und Großeltern, durch die Erfahrungen unserer Freunde, durch Romane, Theaterstücke und Filme. Wenn Amors Pfeil zuschlägt, passiert aber oft etwas ganz anderes als in unserer Vorstellung. Wir träumen von Harmonie und Glück, in der Beziehung erleben wir dann Streit und Unglück. Wir träumen von Vertrauen und Verständnis, wir ernten Misstrauen und Unverständnis.

Vielleicht ist diese Diskrepanz zwischen unseren Wünschen an die Liebe und der harten Realität mancher Beziehungen darauf zurückzuführen, dass uns niemand beibringt, wie eine Partnerschaft richtig zu führen ist. Heute gibt es Partnertherapien, Partnertrainings und Seminare, in denen wir viel Know-how für den Umgang mit unserem Partner erwerben können. Aber Hand aufs Herz: Wer besucht solche Seminare? Die Frauen würden gerne, sobald die ersten Beziehungsprobleme auftauchen, aber die Männer gehen meistens nicht mit. Erst wenn die Scheidung droht und schon das meiste Porzellan zerschlagen ist, werden die vorhandenen Hilfestellungen in Anspruch genommen. Manche kratzen dann gerade noch die Kurve, für viele andere ist es aber schon zu spät.

Stellen wir uns kurz vor, Lieben lernen wäre ein Unterrichtsgegenstand in der Schule. Wir würden in Kommunikation und Emotionalität unterrichtet, bis wir zur höheren Liebe vordringen. Dies hätte dann wohl mehr Auswirkungen als das jahrelange Training in höherer Mathematik oder hochgeistiger Literatur. Das ist aber nicht einmal eine ferne Zukunftsmusik. Denn in der Schule wird die Zeit, die die Jugendlichen für ihre ersten Liebeserfahrungen aufwenden, hauptsächlich als Störfaktor betrachtet, der sie vom Lernen ablenkt.

Da wir also von unseren Eltern und Lehrern relativ blauäugig in die Welt der Liebe entlassen werden, um unsere eigenen Erfahrungen zu machen, passiert meist Folgendes: Nach der ersten Verliebtheitsphase tauchen Missverständnisse, Kränkungen und Konflikte auf, die zu Liebeskummer und oft zum schnellen Ende der Beziehung führen. Wenn man den Liebeskummer überwunden hat, versucht man es erneut mit einem anderen Partner. Mit etwas Glück gerät man nach einigen Anläufen an den idealen Partner, bei dem sich die Konflikte nicht wiederholen.

Oft wiederholen sich aber die Konflikte bei verschiedenen Partnern, bis man resigniert zum Schluss kommt, dass man eben immer Pech in der Liebe hat und das ersehnte Glück in weite Ferne entschwindet. Dann schlagen in den Partnerkonflikten die alten Partnermuster unserer Eltern und Großeltern durch, weil wir uns unbewusst an deren Modellen orientieren, welche die einzigen Lernhilfen in Sachen Liebe sind. Wenn die Eltern und Ahnen also Pech in der Liebe hatten, dann „vererbt" sich dieses auf uns weiter. Diese Weitergabe des Liebeskummers hat aber nichts mit unseren Genen zu tun, sondern ist eine Form des Lernens am Modell. Wir machen den Eltern alles nach, was sie uns vorleben. Leider auch die Fehler.

Wenn wir also unter unseren Ahnen viele unglückliche Frauen, gefühllose Männer und schlechte Ehen finden, die eher Zweckgemeinschaften als Liebesabenteuer waren, dann haben wir meist einen langen Weg zu unserem Glück vor uns. Wir bauen in unserer Liebesfähigkeit zwar auf den Erkenntnissen unserer Vorfahren auf. Manchmal sind diese aber großteils negative Erkenntnisse, die wir erst einmal aus unseren Seelen entfernen müssen, um dann quasi bei Null beginnen zu können.

Wenn wir unbewusst die Liebesmuster unserer Ahnen übernehmen, steigen wir damit auch in deren Dramen ein. Wir übernehmen Rollen, die unsere Erfahrungswelt festlegen. Vielleicht sind wir Romeo und Julia, vielleicht aber auch Othello und Desdemona, Dornröschen, Schneewittchen oder Aschenputtel mit ihren jeweiligen Prinzen. Wie uns die Märchen lehren, müssen die Liebesdramen so lange durchlebt werden, bis ein Paar die richtige Lösung, den Ausgang aus dem Drama findet.

Wenn sich zwei Menschen verlieben, dann verbinden sich meist auch die Liebesdramen ihrer Familien zu einem gemeinsamen Muster. Ich spiele dann eine Rolle im Drama des anderen. Ich zwinge aber auch dem anderen eine Rolle in meinem Drama auf. Ich lasse dem Partner keine Chance, aus seiner Rolle auszubrechen. Erst wenn wir unser Drama erkennen und bewusst damit umgehen, können wir aus alten Rollen und Partnermustern aussteigen.

Liebe passiert. Wenn Liebesgeschichten richtig erzählt werden, dann werden sie zu einem Modell, das die Kinder bewusst annehmen können oder auch nicht. Wenn die Geschichten zwar gelebt, aber verfälscht und verdrängt werden, dann werden sie zu einer Zwangsjacke, die wie ein Schicksal über die Nachfahren kommt. Dann sind in manchen Familien Männer immer Betrüger, Frauen immer Xanthippen. Deshalb ist es wichtig, sich von solchen alten Bildern zu lösen.

❭ ELTERNBILDER UND PARTNERBILDER

„Wenn du wissen möchtest, ob eine Frau die richtige für dich ist, dann sieh' dir ihre Mutter an." Diese Volksweisheit mag zwar etwas zu kurz gegriffen sein, drückt aber eine alte Erfahrung aus: Unsere Partnerbilder sind meist durch unsere Elternbilder geprägt. Wie Tiefenpsychologen seit 100 Jahren beobachten, suchen Männer meist Frauen, die ihrer Mutter ähnlich sind. Frauen vergleichen ihre Partner meist unbewusst mit dem eigenen Vater. Wenn die Erfahrung mit den Elternmodellen eine schlechte war, dann suchen Männer das Gegenteil der eigenen Mutter, Frauen das Gegenteil des Vaters, landen aber unbewusst in Beziehungen, deren Struktur der erlebten Mutter-Sohn-Beziehung oder Vater-Tochter-Beziehung ähnelt.

Da haben wir also den Salat. Die Erfahrung mit unseren Eltern ist wie eine Zwangsjacke, aus der wir uns ein Leben lang nicht mehr befreien können. Vom Vater vernachlässigte Töchter suchen sich Männer, die ihre Väter sein könnten und ebenso wenig Zeit für sie haben wie der Vater der Kindheit. Von Müttern dominierte Söhne suchen sich starke Frauen, gegen die sie ein Leben lang aufbegehren können wie Pubertierende. Es braucht oft jahrelange Psychotherapien, in denen sich Söhne von ihren Müttern und Töchter von ihren Vätern lösen müssen, um endlich beziehungsfähig zu werden.

Nichtsdestotrotz ist diese Befreiung von negativen Elternbildern möglich. Je klarer wir erkennen, von welchen Mustern wir uns verabschieden müssen, desto schneller können wir unser eigenes Liebesleben aufbauen. Wenn in unseren Beziehungsängsten oder Liebeserfahrungen destruktive Bilder auftauchen, dann sollten wir überprüfen, ob diese Bilder nicht bereits in unseren Familien vorhanden waren. Je klarer wir uns mit diesen negativen Bildern auseinander setzen, desto weniger laufen wir Gefahr, uns unbewusst wieder einen Partner zu suchen, der dieses Bild erneut bestätigt.

Dabei sollten bei Frauen die Alarmglocken läuten, wenn sie destruktiven Männern begegnen, Männer sollten Reißaus nehmen, wenn sie destruktiven Frauen begegnen. Es geht dann darum, nicht wieder in die Falle eines alten Beziehungsmusters zu tappen. Wir schaffen uns die Liebesrealität selbst, je nachdem, ob wir an die Liebe glauben oder vom Liebeskummer magisch angezogen werden. Wenn eine Tochter den missachtenden Vater auch noch so sehr geliebt hat – sie muss lernen, von Männern fasziniert zu sein, die sie gut behandeln. Auch wenn ein Sohn aus Liebe zu seiner Mutter sich deren Übergriffe hat gefallen lassen – er muss lernen, von Frauen angezogen zu werden, die ihn liebevoll und mit Respekt vor seinen Grenzen behandeln.

Bilder, von denen man sich verabschieden sollte, sind zum Beispiel die folgenden:

Destruktive Männerbilder wurden meist geprägt durch den Vater oder die Männer in der Familie der Frau.	**Destruktive Frauenbilder** wurden meist geprägt durch die Mutter oder die Frauen in der Familie des Mannes.
Gewalttäter	*Vamp*
Schwächling	*Xanthippe*
Verräter	*Graue Maus*
Macho	*Domina*
Eisberg	*Hysterisches Weibsbild*
Abwesender Vater	*Frustrierter Drachen*
Toter Vater	

Wenn es uns gelingt, uns von den Beziehungsbildern unserer Eltern und Ahnen zu lösen, werden wir frei, unseren Partner ohne Vorurteil zu betrachten und in seinem Wesen zu respektieren. Wir werden dann frei, die Form unserer Beziehung an das Wesen beider Partner anzupassen. Diese ideale Form ist diejenige, die dem Fließen der Liebe möglichst viel Raum gibt. Dass wir diese Form gefunden haben, erkennen wir daran, dass wir uns in unserer Beziehung nicht mehr eingeengt oder verängstigt fühlen.

Dieses Finden der richtigen Form wird in einer alten orientalischen Geschichte gut beschrieben:

Ein Mann träumte von einem Töpferladen. Im Traum ging er in diesen hinein und erblickte darin Tongefäße und Vasen in allen Größen und Formen. Er nahm eine Vase nach der anderen in die Hand und begutachtete sie, um sich die für ihn richtige auszusuchen. Sollte er eine kurze, dickbauchige nehmen oder eine schlanke, hohe? Sollte die Vase dünnwandig und grazil, bemalt oder farblos, wuchtig oder unauffällig sein? Regal für Regal betrachtete er die verschiedenen Gefäße und konnte sich nicht entscheiden. Er prüfte, um sich sicherer zu werden, das Innere der Vasen. Aus manchen duftete es herrlich, aus anderen kam ekliger Gestank und manche rochen nur komisch. Vor allem passten die Schönheit der Form und der Geruch aus dem Inneren keineswegs zusammen. So wurde er nur noch verwirrter. Schweißgebadet wachte er auf.

Da ihm dieser Traum keine Ruhe ließ, suchte er den Traumdeuter des Ortes auf, um auf des Rätsels Lösung zu kommen. Dieser, ein weiser alter Mann, hörte sich die Geschichte an und lächelte: „Hast du schon eine Frau?" Der Mann verneinte. „Bist du verliebt?" Der Mann verneinte. „Dann ist die Erklärung ganz einfach. Du bist auf der Suche nach der Liebe deines Lebens. Die Form der Vase ist das Äußere deiner zukünftigen Geliebten, und gleichzeitig die Form, die du für deine Ehe wählst. Alle Formen des Lebens stehen dir zur Verfügung. Wenn die richtige kommt, wirst du wissen, ob dir eine hohe, schlanke Form besser gefällt oder eine gedrungene, bauchige, ob du es lieber grazil oder fest, einfach oder bunt haben willst. Du wirst dich entscheiden und du wirst dann mit der gewählten Form leben müssen. Die Form steckt die äußeren Grenzen deiner Liebe ab.

Viel entscheidender als die Form ist aber das, was du in sie hineinfüllst. Wenn du weise bist, dann füllst du das Gefäß deiner Ehe mit der un-

endlichen Liebe deines Herzens, mit Respekt und Bewunderung, und dann wird dein Gefäß die Zeiten überdauern. Und das ist wichtig. Denn es werden auch Mücken und Fliegen in dein Gefäß fallen, Neider werden Gift hineinschütten und so manche süße Milch wird sauer werden. Wenn du deine Liebe mit den daraus entweichenden Gerüchen verwechselst, wird dein Gefäß Sprünge bekommen und du wirst es am Schluss zornig zu Boden werfen und zerbrechen.

Wenn aber der Krug das Gefäß eurer Liebe ist, dann schüttest du einfach das Verdorbene weg und euer Krug wird sich immer wieder neu mit reiner Liebe füllen. Darum wähle eine Form, damit du die Liebe immer wieder auffangen kannst. Habe aber auch keine Angst vor deiner Wahl, denn jede Form, wie immer dein Krug gebaut sei, ist gleich geeignet, um dir die Liebe deines Herzens zu bewahren."

Etwas verwirrt machte sich der Mann auf den Weg nach Hause. Die Mädchen des Dorfes, denen er dabei begegnete, sah er aber plötzlich mit anderen Augen an.

Was wollte der Weise dem jungen Mann sagen? Dass wir die Form als Ursache von Glück und Unglück überschätzen? Dass das Innere wichtiger ist als das Äußere? Dass es einer Form bedarf, damit sich die Liebe nicht verflüchtigt? Dass die einmal gewählte Form dem Strom unserer Liebe ein bestimmtes Bett gibt? Dass wir unsere Liebe nicht wegwerfen, sondern uns lieber von verbrauchten Inhalten trennen sollen? Wer weiß.

› GEWALTMUSTER IN DER LIEBE

Über Jahrhunderte wurde Liebe mit Macht verknüpft oder durch Macht erzwungen. Es wurden Höfe und Firmen geheiratet, nicht Menschen. Ehen wurden arrangiert. Das Misstrauen, dass Liebe nicht frei gewählt werden kann, ist im kollektiven Unbewussten tief verankert.

Die Indianerstämme Nordamerikas, die Kasten Indiens und die sozialen Klassen Europas haben zu allen Zeiten versucht, Ehen zu arrangieren, sodass die richtigen Clans, Kasten oder Klassen zusammenfinden. Amors Pfeile halten sich aber nicht an solche berechnenden Einteilungen. Menschen verliebten sich, obwohl sie bürgerlich und adelig, schwarz und weiß, Moslems und Christen, Katholiken und Protestanten waren. Wie schon das Drama von Romeo und Julia ausdrückt, wurden solche Lieben zwischen den Fronten verfeindeter Parteien verhindert oder sanktioniert und endeten nicht selten tödlich. Und Homer beschreibt in seinem Epos vom trojanischen Krieg, dass wegen verbotener Lieben Kriege geführt und Rivalen getötet wurden. Noch viel öfter gerieten Liebende zwischen die Fronten gewaltsamer Ereignisse. Dann werden in unseren Herzen Liebe und Gewalt miteinander verknüpft.

Das erstaunt Sie? Denken Sie an die vielen Scheidungs„kriege", in denen sich vormals Liebende mit Hass und Verachtung übersäen. Denken Sie an die vielen Menschen, die von sadomasochistischen Praktiken fasziniert sind. Denken Sie an die vielen Ehekrisen, in denen manche alles daran setzen, den „geliebten" Partner so tief wie möglich zu verletzen. All diese Fälle deuten darauf hin, dass sich bei den betroffenen Familien Liebe und Gewalt solange in direkter Nachbarschaft abgespielt haben, bis sie nicht mehr voneinander zu trennen waren. Dies führt dazu, dass viele Ehen zu Hasslieben werden, wo die Partner nur mehr aus einem Grund zusammenbleiben: nämlich, um sich gegenseitig fertigzumachen. Bei derartigen Streitehen fragen sich Außenstehende, worin der Sinn der Beziehung eigentlich besteht und warum die beiden Partner sich nicht längst getrennt haben. Eine Streitehe ist aber tatsächlich eine gute Möglichkeit, um seine Aggressionen abzubauen und an den Mann oder die Frau zu bringen. Wenn sich in einer Familie viele Gewalterfahrungen angesammelt haben, dann dauert es manchmal Jahrzehnte, bis der Streit sich erschöpft.

Liebe wird in unserer Kultur vor allem als romantisches Ideal dargestellt. Die brutale Realität sieht aber für viele Menschen ganz anders aus:

Vergewaltigung

Es wird geschätzt, dass jede dritte Frau mindestens einmal in ihrem Leben vergewaltigt wurde. In Kriegszeiten sind diese Zahlen doppelt so hoch einzuschätzen, da Soldaten die Vergewaltigung der Frauen des Gegners als Kriegsrecht ansehen. Besonders schlimm ist die Vergewaltigung von jungen Mädchen, wenn die erste oder eine der ersten sexuellen Erfahrungen eine gewaltsame ist. Dass dadurch das Vertrauen in die Liebe nachhaltig zerstört wird, braucht nicht weiter erklärt zu werden.

Sexuelle Ausbeutung

Auf allen Erdteilen werden auch und gerade heute sozial schwächere oder unterdrückte Völker in der Weise ausgebeutet, dass Frauen in die Prostitution gezwungen werden oder ihnen aus sozialer Not nichts anderes übrigbleibt, als sich sexuell ausbeuten zu lassen. Egal, ob es sich um Thailand, die Philippinen, Osteuropa oder Brasilien handelt: Millionen Frauen auf der Welt werden dazu angehalten, ihre Körper zu verkaufen. Dabei wird die Einheit von Liebe und Lust nachhaltig zerstört.

Sexueller Missbrauch

Auch hier ist die Dunkelziffer erschreckend hoch. Zwar dringen spektakuläre Fälle an die Öffentlichkeit, die sexuellen Übergriffe in den Familien werden aber nach wie vor meist vertuscht. Sexueller Missbrauch führt in vielen Fällen zu sexuellen Problemen.

Es ist fast ein Gemeinplatz, dass sexuelle Gewalt sich vor allem gegen Frauen richtet. Wenn Millionen Frauen heute durch Gewalt geschädigt werden und dies auch in den Generationen unserer Mütter und Großmütter geschehen ist, dann verwundert eines nicht: Von Gewalt betroffene Frauen geraten in einen inneren Zwiespalt. Einerseits sehnen sie sich nach Liebe. Andererseits lehrt sie aber die bittere Erfahrung, dass man den Männern nicht über den Weg trauen kann. Aus dieser Ambivalenz erklären sich dann die Schwierigkeiten, sich auf eine vertrauensvolle Beziehung einzulassen. Selbst wenn man einen liebenden Partner findet: Auch dieser macht irgendwann Fehler, wird irgendwann wütend – und schon bestätigt sich das Bild des bösen Mannes, das in der Seele gespeichert ist.

❯ PSYCHOLOGISCHE GRÜNDE FÜR LIEBESKUMMER

Wie erklärt die Psychologie, dass wir auf der Suche nach dem oder der Richtigen überhaupt Liebeskummer erleiden müssen? Dies beginnt damit, dass die Wahl des richtigen Partners eine schwierige Sache ist. Der ideale Partner soll schließlich viele Kriterien erfüllen. Auf der Suche nach dem Richtigen stellen wir meistens fest, dass zwar einige Kriterien erfüllt sind, andere aber fehlen. Auch kommt es vor, dass ein Mensch für mich der ideale Partner wäre, aber umgekehrt ist es nicht so. Der eine sagt vielleicht: „Du bist mein Traumpartner, dich habe ich mein ganzes Leben lang gesucht, du erfüllst alle meine Wünsche und Kriterien." Der andere hat aber vielleicht ganz andere Vorstellungen und antwortet eventuell folgendermaßen: „Ich hab dich ganz gern, du bist mir sympathisch, aber trotzdem bist du nicht mein Typ und verliebt bin ich auch nicht in dich. Wir können ja gute Freunde bleiben, aber eine Beziehung kommt für mich nicht in Frage."

In einer solchen Situation bekommt man einen Korb, fühlt sich zurückgewiesen. Werden wir mehrmals zurückgewiesen, bekommen wir Zweifel an unserem Selbstwert und verlieren unseren Mut, auf den anderen zuzugehen. Es ist dann wichtig, ein Netz von Freunden zu haben, denen man seinen Liebeskummer erzählen kann. In der Regel bauen einen gute Freunde wieder auf: „Die ist es ja gar nicht wert, die Richtige wartet noch auf dich, diese Frau hat ohnehin nicht zu dir gepasst." Man kann auch Selbstschutzmechanismen aufbauen und sich die Nachteile der missglückten Beziehung vor Augen halten. Vielleicht hat man sich ja viel erspart, da man eine bestimmte Beziehung nicht eingegangen ist. Indem man vom falschen Partner den Korb bekommt, bleibt man frei für den Nächsten, der wahrscheinlich genau der Richtige ist.

Wenn der Liebeskummer von sehr kurzer Dauer und gleich wieder verflogen ist, dann hat diese gescheiterte Liebe keine große Bedeutung gehabt. Wenn man sich aber wirklich in einen Menschen verliebt und sich dann abgewiesen fühlt, dann ist es wichtig, sich für diesen Liebeskummer Zeit zu nehmen. Dabei entdeckt man, dass die Liebe, die man zu einem Menschen empfindet, immer ihren Wert hat. Liebe ist in jedem Fall etwas Schönes und Wertvolles, unabhängig davon, ob sie erwidert wird und ob sie dann auch lebbar ist. Wenn ich mich verliebe, bin ich in Kontakt mit meinem Herzen und meiner Liebesfähigkeit und das ist immer etwas Kostbares. So kann mit der Zeit die Wunde des Liebeskummers verheilen. Später denkt man meistens gerne an alle Menschen zurück, in die man sich verliebt hat.

Bei Menschen, die immer wieder Liebeskummer erleiden, finden sich dahinter psychische Muster, die mit dem Scheitern der Liebe zu tun haben. Das sind die schon besprochenen negativen Partnermuster der Eltern und Großeltern. Es gibt aber auch einige typische Ängste, die mit dem Liebeskummer eng zusammenhängen.

Das ist zum Ersten die Angst, einen geliebten Partner wieder zu verlieren und den damit einhergehenden Schmerz nicht aushalten zu können. Aus dieser Verlustangst heraus klammert sich ein Mensch an seinen Partner, bis diesem so eng wird, dass er die Beziehung beendet. Damit bestätigt sich die Verlustangst, die man sich aber gleichsam selbst inszeniert hat. Hinter der Verlustangst stehen ganz reale Verluste in der Familie. So hat vielleicht eine Tochter ihren Vater früh durch Tod verloren und diesen Schmerz um den geliebten Vater nie richtig verarbeiten können. Wenn sie sich verliebt, dann kommt ihr der Schmerz um den toten Vater wieder hoch und sie wird von Verlustpanik erschüttert, statt die Zeit des Verliebtseins zu genießen. Die Verlustangst wird dann rasch zur selbsterfüllenden Prophezeiung, die in erneutem Liebeskummer endet.

Da ist zum Zweiten die Angst, vom Partner unterdrückt und dominiert zu werden. Immer dann, wenn der Partner klare Vorschläge oder Forderungen hat, kommt die Angst hoch, dass man in der Beziehung den Kürzeren zieht. Als Reaktion bekämpft man diese Vorschläge des Partners oder zieht sich immer wieder aus der Beziehung zurück. Es entsteht ein verzweifelter Kampf um die eigene Freiheit, der zu Streit und Distanzierung führt. Irgendwann gibt der Partner dann auf und die Beziehung scheitert an den ständigen Machtkämpfen.

Zum Dritten erleiden viele Menschen ständig Liebeskummer, weil sie sich nicht von ihren Eltern losgelöst haben. Die Bindung des Sohnes an die Mutter oder der Tochter an den Vater ist dabei so stark, dass dagegen kein potenzieller Partner eine Chance hat. Die Liebe der Eltern zu ihren Kindern erscheint so perfekt, dass die Schwierigkeiten, die der Aufbau einer Beziehung mit sich bringt, als Beweis dafür gewertet werden, dass man noch nicht den richtigen Partner gefunden hat. Die Eltern verwöhnen einen, kaufen einem eine Wohnung, haben immer Verständnis und hören immer zu. Die Liebe der Eltern ist bedingungslos und sicher. Die Bindung an die Eltern ist so verführerisch, dass der Partner dagegen den Kürzeren zieht. Äußere Anzeichen einer Elternbindung sind:

❭ Das junge Paar zieht ins Elternhaus eines der beiden Partner.
❭ Nach jedem Ehestreit heult sich die Frau bei ihren Eltern oder der Mann bei seiner Mutter aus.
❭ Die Eltern machen den Partner schlecht: „Der hat dich ja gar nicht verdient."
❭ Solche Liebesgeschichten enden oft mit der Scheidung vom Partner, wobei die Ablösung von den Eltern vermieden wird.

Um in der Liebe Erfolg zu haben, muss man die Welt seiner Kindheit und damit auch seine Eltern verlassen. Nur wer als gestandener Erwachsener die Risiken von Verlust und Machtkampf auf sich nimmt, wird die Welt des Liebeskummers überwinden und als gleichberechtigter Partner von seiner Liebe ernst genommen werden.

❭ EIN KÖCHER VOLLER PFEILE

Nun haben wir also Amors Arsenal kennengelernt: Auf seinem Rücken trägt der Liebesgott einen Köcher voll verschiedener Pfeile, mit denen er unser Herz nach Lust und Laune traktiert: Die Pfeile sind spitz oder stumpf, vergiftet oder betäubend, spenden Seligkeit oder Kummer, schicken uns in den siebten Himmel oder in den Schmerz des Verlustes.

Viele Wissenschaften und Glaubenssysteme liefern Erklärungen dafür, wie die Pfeilspitzen und ihre Schäfte entstanden sind:

> Die Familienpsychologie zeigt uns, dass die Beziehungserfahrungen unserer Eltern und Großeltern unser Liebesleben prägen.
> Die Tiefenpsychologie lehrt, dass unsere Partnerbilder von unseren Eltern geformt werden.
> Die Sozialgeschichte zeigt auf, dass sich in der Vergangenheit Gewalt und Liebe in vielen destruktiven Formen miteinander vermischt haben.
> Die Persönlichkeitspsychologie beschreibt unsere Ängste, die unseren Liebeskummer verschärfen.

Warum verwendet Amor nicht einfach nette Liebepfeile, die die Liebe von Anfang an sicherstellen? Wozu ist der Liebeskummer überhaupt gut? Warum muss unser Herz unter den vergifteten Pfeilen leiden?

Was wir uns nicht erarbeiten müssen, das schätzen wir nicht. Was wir nicht mit unserem Körper erfahren und unseren Händen begreifen, das geht letztlich nicht in unseren Kopf hinein. Da die Liebe das größte Mysterium des Lebens ist, muss sich der Mensch intensiv damit beschäftigen. Fast hat man den Eindruck, dass hinter Amors chaotischem Vorgehen doch auch ein göttlicher Plan steckt: Das Herz muss alle Zustände zwischen himmlischer Liebe und höllischem Leid erleben, um zu wachsen und zu reifen. Kummer, Trauer und Eifersucht sind nur die Kehrseite der Liebe. Wer alle Facetten seines Herzens erfahren hat, dessen Herz wird sich öffnen und weiten für die Liebe seines Lebens.

Teil 2: Beziehungsprobleme erkennen und lösen: die vergifteten Pfeile

Pech in der Liebe – wer kennt das nicht? Wer hat noch nie an Liebeskummer gelitten? Wer kennt nicht die Verzweiflung, in der man am liebsten sterben möchte, weil einen der Mensch, den man am meisten liebt, nicht erhört oder zum Teufel schickt? Warum machen sich liebenswerte Menschen, die sich das Ja-Wort gegeben haben, wenig später das Leben zur Hölle?

Der Weg in die Hölle ist mit guten Vorsätzen gepflastert. Die Straße ins Glück ist voller Fallen, in die wir hineintappen, weil kein Straßenmeister Warnschilder aufgestellt hat. Die Paarbeziehung ist ein eigener Kosmos mit so vielen Facetten, dass ein ganzes Leben nicht ausreicht, um sie alle kennenzulernen. So gesehen ist Liebe ein Abenteuer in einem unbekannten Land. Wir beginnen dieses Abenteuer ohne Ausrüstung, ohne Ausbildung und niemand stellt uns eine Landkarte zur Verfügung. Wir müssen selbst alles durchleben, jeden Irrtum mit Verletzungen bezahlen.

Lediglich die Gerüchte unserer Ahnen, die den Dschungel der Liebe schon vor uns betreten haben, bieten eine minimale Orientierung darüber, was uns erwarten wird. Diese Gerüchte sind aber manchmal Schauermärchen, die nicht eben Mut machen: Die Großmutter wurde vom Großvater sitzen gelassen. Die Eltern stritten ein Leben lang wie Hund und Katz. Auf Grund einer Schwangerschaft zur falschen Zeit musste der falsche Mann geheiratet werden. Weil ein Kind gekommen ist, konnte man seine Ausbildung nicht abschließen. Und so weiter und so fort. Die Partnermuster unserer Vorfahren werden so zu Befürchtungen, die sich dann im Liebeskummer bestätigen. Manchmal gehen Generationen derselben Familie im Kreis, landen immer wieder beim selben Hindernis, das einer geglückten Partnerschaft im Weg steht, mag dieses Hindernis nun Geldmangel, sexuelles Unglück, Machtkampf, Gewalt in der Ehe, mangelndes Vertrauen oder Kommunikationslosigkeit heißen.

Wen wundert es also noch, dass heute der Mangel an Liebe und Verständnis das größte Problem der Menschen in den entwickelten Ländern ist und dass die meisten Patienten an emotionalem Hunger erkranken oder zu Grunde gehen? Lassen sich wirklich immer mehr Menschen deshalb scheiden, weil es uns zu gut geht oder wird nicht vielmehr in den Scheidungsziffern endlich unsere emotionale Armut sichtbar? Wurden nicht Generationen von jungen Menschen im Stich gelassen, wenn es darum geht, den liebevollen Umgang zwischen den Geschlechtern zu erlernen?

Alles Wehklagen hilft uns nicht. Es ist hoch an der Zeit, die vielen Themen ernst zu nehmen, an denen unzählige Generationen von Liebenden sich bereits eine blutige Nase geholt haben. Wenn die Zahl der Singles und alleinlebenden Geschiedenen immer größer wird, dann sollten wir die Probleme unter die Lupe nehmen. Es helfen auch keine allgemeinen Appelle wie „seid nett zueinander" oder „liebt euch doch einfach". Jedes Paar hat seine eigenen Themen und wenn nicht Lösungen für diese ganz speziellen Themen gefunden werden, dann scheitert die Beziehung. Deswegen werden im zweiten Teil dieses Buches die Probleme beim Namen genannt, ohne Beschönigung oder Verleugnung. Dieses Wahrnehmen und Ernstnehmen der Probleme ist der erste Schritt der Veränderung für jedes Paar, das sich in der Krise befindet.

Die gute Botschaft ist aber folgende: Für jedes Partnerproblem gibt es mindestens eine logische Lösung, oft sogar mehrere. Jeder Mangel legt nahe, dass die Erfüllung dieses Bedürfnisses ein Paar glücklicher macht. Wenn ich also erkannt habe, was mein Partner braucht, dann wächst mit dieser Erkenntnis meine Fähigkeit, den Partner auch zufrieden zu machen.

Manchmal sind die Lösungen ganz einfach. Man muss sie nur endlich ergreifen und aufhören, dem Partner genau das zu verweigern, wonach er am lautesten schreit. Manchmal ist die Lösung so ungewohnt, dass wir uns gar nicht getrauen, einen Lösungsweg auszuprobieren, selbst wenn er uns angepriesen wird. Dann müssen wir diese neuen Schritte so lange üben, bis sie uns in Fleisch und

Blut übergehen. Manchmal schreckt uns auch die Fülle der Schritte ab, die wir gehen müssen, um das Universum der Partnerschaft zu durchschreiten. Romantisch sein, zuhören, genießen, konstruktiv streiten, tolerant sein, sich durchsetzen, auf den anderen eingehen – was sollen wir denn noch alles können, bis unser Partner mit uns zufrieden ist? Ist diese Fülle an Anforderungen nicht zu viel von einem einzigen Menschen verlangt? Will man all das von der Liebe erfüllt bekommen, braucht es da nicht wirklich zwei oder drei Liebhaber, wie manche meinen?

Liebe ist ein Prozess des ständigen Wachstums und in der Regel haben wir alle Zeit der Welt. Wenn Rom nicht an einem Tag erbaut wurde, dann können wir auch unserem Partner die Zeit zugestehen, die er braucht, um mit uns zusammenzuwachsen. Tatsächlich sind die folgenden Kapitel auch Entwicklungsschritte, die vom Anfang bis zum Ende unserer Beziehung hintereinander durchlaufen werden. Diese Themen sind also etwas ganz Menschliches und Normales und müssen von allen Paaren durchlebt werden. Zu Problemen werden sie dann, wenn eine Beziehung in einer solchen Phase steckenbleibt und sich ab diesem Punkt nicht mehr weiterentwickelt. Wenn einer der Partner keine Perspektive mehr hat, wo er die Lösung suchen soll und daher jede weitere Veränderung verweigert, dann kommt das Paar unweigerlich in die Krise. Diese zielt aber immer auf die Heilung ab, zwingt uns letztlich zur Veränderung, die im Nachhinein meist völlig logisch ist.

Nehmen Sie den zweiten Teil dieses Buches daher als Lageplan Ihrer Liebe. Einige Kapitel werden Sie sehr betreffen, andere überhaupt nicht. Manches werden Sie schon hinter sich haben, anderes kommt erst in Zukunft auf sie zu. Einiges, was Ihnen schon in Fleisch und Blut übergegangen ist, ist für Ihre besten Freunde gerade das größte Problem.

Wie auch immer. Mit einem Lageplan ist es leichter, seinen Weg zu finden oder gemeinsam die Route festzulegen, die man gehen möchte. Wenn man das Land seiner Liebe durchschritten und all seine Teile kennengelernt hat, dann wird die Landkarte nicht selten eine Schatzkarte. Wenn Sie die Mühen Ihres gemeinsamen Weges hinter sich haben und wie Rapunzel und der Prinz durch die Wüste gewandert sind, dann werden Sie plötzlich wissen, wo Sie die Schatztruhe Ihrer Liebe heben können.

❭ DIE SEHNSUCHT NACH VERSCHMELZUNG

Wenn wir den zahlreichen Liebesfilmen und Liebesromanen Glauben schenken, dann ist Liebe ein Akt, bei dem wir völlig miteinander verschmelzen und ineinander aufgehen. Das höchste Liebesglück, welches Menschen erleben, wird so beschrieben: Die Grenzen zwischen den Partnern lösen sich auf, man wird eins, man spürt eine unendliche Nähe, in welcher alle bestehenden Unterschiede bedeutungslos werden.

Auch wenn dies seltene Momente sind, die zum Beispiel bei sehr intensiven sexuellen Begegnungen erlebt werden, so ist dieses Gefühl des Verschmelzens doch der Inbegriff allen Glücksstrebens. Im Moment der Vereinigung sind wir wie zwei Hälften eines Ganzen, untrennbar miteinander verbunden. Schade, dass wir aus diesem Rausch des Glücks immer wieder erwachen und uns wiederfinden in der Realität der Beziehung mit ihren Unterschieden, Distanzen und verschiedenen Interessen.

Erstaunlicherweise ist bei vielen diese Sehnsucht nach Verschmelzung gekoppelt mit einer panischen Angst, sich wirklich fallen zu lassen, wenn die Vereinigung möglich ist. Andere machen die Erfahrung, dass die Verschmelzung heiß ersehnt, mit allen Mitteln angestrebt und auch für einen kurzen Augenblick erlebt werden darf, nur um im nächsten Moment umzuschlagen in Distanz und Gefühllosigkeit. Wenn Frauen erleben, dass sie von einem neuen Partner heiß begehrt werden bis zum Moment des höchsten Glücks und danach fallengelassen werden wie eine heiße Kartoffel, dann fallen sie aus allen Wolken und verstehen zu Recht die Welt nicht mehr. Nicht selten bezweifeln sie dann die Echtheit der Gefühle des Mannes und fühlen sich belogen und um ihr Glück betrogen. Der

Wankelmut solcher Männer ist aber nicht immer nur Show, um die Frau herumzukriegen, sondern sie stecken in einem Gefühlsdilemma. Sie verlieben sich zuerst tatsächlich und sind dann unfähig, die Nähe auszuhalten. Wie kann das sein?

Psychologen nennen dieses Problem „Ambivalenz" und nach den Erfahrungen der Tiefenpsychologen ist es sehr weit verbreitet. Um es zu verstehen, müssen wir etwas ausholen:

Die Sehnsucht nach dem Verschmelzen stammt aus der Zeit vor und nach unserer Geburt. Im Mutterleib sind wir tatsächlich eins mit unserer Mutter. Für den Fötus gibt es nur eine einzige, ungetrennte Welt. Er ist mit seiner Mutter eins und dies ist der Urzustand des Glücks, ohne Unterschiede, ohne Spannungen und ohne Probleme. Auch wenn wir als Säuglinge in den Armen der Mutter liegen, verschmelzen wir mit ihr und die Liebe zwischen Mutter und Kind ist ohne Vorbehalte und ohne Distanz.

Da wir uns ein Leben lang an diesen Urzustand des Glücks erinnern, streben wir gleichsam zurück in diese Welt des Verschmelzens. In den Augenblicken des Verliebtseins und der sexuellen Vereinigung dürfen wir diese alte Glücksheimat auch für kurze Zeit wieder aufsuchen. Wir können nur nicht auf Dauer dort verweilen, denn das würde bedeuten, dass wir Babys bleiben und unser Erwachsen-Sein aufgeben. Das wollen wir normalerweise wiederum nicht, auch wenn manche Menschen das Problem so lösen, dass sie nie erwachsen werden.

Der gesunde, partnerfähige Mensch löst die Sehnsucht nach der Liebe durch eine Reise ins Glück und wieder retour. Im Liebesakt lösen wir für kurze Zeit unsere Erwachsenenpersönlichkeit auf, werden wieder wie Babys und verschmelzen mit unserem Partner, genießen das Glück der völligen Einheit. Danach kehren wir langsam wieder in unsere Erwachsenenwelt zurück. Am Ende sind beide Partner wieder sie selbst, mit all den Eigenschaften und Grenzen, die sie zu zwei Individuen machen, die sich voneinander unterscheiden.

Klingt einfach, ist es aber nicht. Denn die Reise ins Glück hat zur Voraussetzung, dass beide Partner die Reise von der Kindheit ins Erwachsenenalter ohne gröbere Blessuren hinter sich gebracht haben. Nur wenn wir diesen Weg in angstfreier Erinnerung haben, können wir ihn jederzeit wieder in beide Richtungen beschreiten und mal schnell zurück ins Glück unserer Kindheit reisen, ohne Panik, dabei unsere Erwachsenenpersönlichkeit zu verlieren. Wenn ein Partner aber in der Zeit um seine Geburt herum schwer verletzt wurde, dann wird diese Reise, die wir für unser Glück so dringend brauchen, zur Fahrt auf einer Achterbahn, ohne Sicherung und ohne Netz. Wir können nicht anders – wir müssen unser Glück suchen und zumindest den Versuch des Verschmelzens starten. Wenn wir aber probieren, uns beim Partner fallen zu lassen, dann befinden wir uns plötzlich im freien Fall der abwärts gerichteten Achterbahn und die Panik der alten Verletzung schießt blitzartig ein. Dann kann es passieren, dass der verletzte Partner mitten im Sexualakt aufspringt und das Weite sucht, um sein Leben zu retten.

Was sind nun diese Verletzungen, die so viel Angst hervorrufen? Es handelt dabei sich um Menschen, die vor oder nach der Geburt eine so genannte Mutter-Kind-Störung erlebt haben. Das Glück dieses Urzustandes wurde durch schlimme Erlebnisse zerstört. Die Mutter sollte dieses Kind nicht haben, lehnte es ab, ließ es nach der Geburt allein oder benutzte es für ihre eigenen Bedürfnisse. Was auch immer die Mutter belastete: Für das Kind war es außerordentlich stressig, in den Armen der Mutter zu liegen. Oder, so sehr es sich danach sehnte, es erlebte diesen Glückzustand niemals, weil es nie von der Mutter liebevoll gehalten wurde. Dann sehnt es sich ein Leben lang danach, endlich in den Armen einer liebevollen Frau liegen zu dürfen.

Mit all dieser unerfüllten Sehnsucht geht man dann an seinen Partner heran. Wenn die Liebe beginnt, ist man hin- und hergerissen zwischen der unerfüllten Sehnsucht nach Verschmelzung und der alten Angst, fallengelassen zu werden. Im Moment der Vereinigung taucht dann beides gleichzeitig oder kurz hintereinander auf. Dann ist entweder die Partnerin wie erschlagen vom Gewicht der unerfüllten Erwartungen oder der verletzte Mensch rutscht blitzartig zurück in den alten Film aus Gefühlskälte und Enttäuschung.

Wenn Sie so etwas erleben, verzweifeln Sie nicht. Denn die plötzliche Gefühlskälte Ihres Partners bedeutet nicht, dass er Sie nicht liebt. So schlimm dies klingt: Seine plötzliche Abwehr hat gar nichts mit Ihnen zu tun. Es ist vielmehr ein alter Reflex auf die falsche Behandlung durch seine Mutter, die er in seinem Erinnerungsfilm auf Sie projiziert.

Wenn ein Problem erkannt ist, ist die Lösung gar nicht mehr schwierig. Wenn Sie verstanden haben, dass Ihr Partner scheinbar liebesunfähig ist, weil er die Liebe zwischen Mutter und Kind nie kennengelernt hat, was ist dann logischerweise zu tun? Richtig – Ihr Partner muss das Glück des Verschmelzens einfach einmal erleben und erfahren, dass es nicht gefährlich ist. Seien Sie also geduldig mit ihm. Bringen Sie ihm bei, dass er sich nicht auf einer tödlichen Achterbahn befindet, sondern auf einer gemütlichen Rutsche, an deren Ende ihn ein liebender Mensch auffängt.

Wenn Sie wissen, dass die Panik Ihres Partners nicht als Angriff gegen Sie persönlich gemeint ist, wird es Ihnen leicht fallen, ihm mit viel Geduld das Glück des Gehalten-Werdens beizubringen. Nehmen Sie ihn ganz behutsam in die Arme, ohne ihn zu drängen. Halten Sie ihn so, wie eine gute Mutter ihr Kind hält. Schaukeln Sie ein bisschen und reden Sie mit sanfter Stimme. Anfangs wird er sich dagegen wehren, denn er hat ja Angst, dass es gleich ganz dicke kommt. Wenn Sie ihn aber ohne Druck und Vorbehalt lieben, wird er sich langsam entspannen und erleben, wie schön es ist, in Ihren Armen zu liegen. Wenn er sich endlich sanft und vertrauensvoll an Sie schmiegt, dann haben Sie beide gewonnen. Denn dann wird Ihnen beiden die Reise ins Glück der Kindheit problemlos gelingen.

Es mag sein, dass Ihr Partner eine Psychotherapie braucht, bevor diese Übung gelingt. Es mag sein, dass Sie beide die Übung des geduldigen Haltens oftmals wiederholen müssen, bis sie endlich gelingt. Es mag sein, dass Sie keine Lust haben, die Therapeutin ihres Partners zu sein und das müssen Sie auch nicht.

Dennoch – alle guten Lösungen sind einfach. Viele Männer haben in den Armen ihrer Partnerinnen erstmals die Liebe erfahren, die sie als Kinder vermisst hatten. Wenn dies gelang, wurden sie allesamt gute Partner und ihre Frauen wurden für ihren liebevollen Einsatz hundertfach belohnt.

Problem: **Angst vor Nähe**
Ursache: **Mutter-Kind-Störung**
Lösung: **Geborgenheitsübung**

❱ DIE ANGST, DIE LIEBE WIEDER ZU VERLIEREN

Christine verliebt sich nicht leicht. Sie sieht sich die Männer genau an, die ihr den Hof machen und prüft lange, ob der Richtige dabei ist. Wenn sie sich aber verliebt, dann landet sie bald in einem Hexenkessel intensivster Gefühle. Einerseits himmelt sie ihren Geliebten an und gleichzeitig hat sie panische Angst, dass sie ihn wieder verlieren wird. Deshalb ist sie auch schnell eifersüchtig. Wenn sie jedoch mit ihrem Partner darüber redet, begreift sie schnell, dass sie eigentlich gar keinen Grund zur Eifersucht hat. In Wahrheit vertraut sie ihrem Partner, aber sie hat ständig Angst – Angst, dass die Liebe nicht von Dauer sein könnte. All die Liebeschwüre ihres Partners können diese Angst nicht besänftigen. Anfangs hat er auch viel Geduld mit den Ängsten seiner Freundin, aber irgendwann findet er Christines Panik einfach übertrieben. Irgendwann trifft er eine burschikose, unkomplizierte Frau und läuft mit ihr davon. Nun ist genau das eingetreten, was Christine befürchtet hat und bei ihrem nächsten Partner wird ihre Angst nur umso größer sein.

In der Therapie analysieren wir Christines Geschichte. Ihr Vater ist gestorben, als sie 13 war. Das sei kein Problem gewesen, sie habe der Mama dann im Haushalt geholfen und sich bald nach netten Jungs umgesehen. Mit 16 verliebte sie sich und diese erste Liebe half ihr drei Jahre lang über das Ärgste hinweg. Leider nahm sie dann ein unschönes Ende, aber sie lernte bald Martin kennen – und das ging auch eine Zeit lang gut, bis Martin Barbara kennen lernte. Auch mit

Gottfried, Andreas und Karl verlief es ähnlich. Ihre Männerbeziehungen waren alle ganz schön, waren aber plötzlich aus heiterem Himmel zu Ende.

Christine machte also die Erfahrung, dass, gleich wie schön eine Liebe verläuft, sie doch früher oder später verloren geht. Kein Wunder also, dass sie immer größere Angst vor diesen Verlusten hat.

Christine entdeckt, dass der frühe Verlust ihres Vaters das Modell für die späteren Verluste ihrer Partnerschaften abgab. Alle Beziehungen zu Männern liefen nach demselben Schema ab. Sie liebt einen Mann/Vater sehr, hat ihn eine Zeit lang und plötzlich, ohne dass man etwas dagegen tun kann, ist er weg. Das Ganze spielt sich wie ein unausweichliches Schicksal ab.

Diese Erkenntnis führt dazu, dass Christine sich wieder an ihren Vater erinnert, dessen Bild sie seit seinem frühen Tod von sich weggeschoben hat. Immer mehr spürt sie die tiefe Trauer, die sie damals empfunden hat. Plötzlich bricht sie zusammen und voller Tränen ist sie wieder das kleine Mädchen, das den Tod des geliebten Vaters nicht begreifen kann. Diese Trauer beschäftigt sie in den nächsten Wochen und langsam kann sie sich innerlich so vom Vater verabschieden, dass der Schmerz um seinen Tod verheilt. Am Schluss dieser innerlichen Dialoge mit dem Toten hat sie das Gefühl, dass der Geist ihres Vaters hinter ihr steht und sie bei der Suche nach der Liebe unterstützt. Es wird ihr klar, dass sie mit ihren Partnern jahrelang im Kreis gegangen ist. Immer wieder hat sich das abrupte Ende der Beziehung wiederholt, welches sie unbewusst an den Tod ihres Vaters erinnerte. Nun, da dieser Tod verarbeitet ist, braucht der Verlust nicht mehr ständig wiederzukehren und Christine beginnt daran zu glauben, dass sie ihren nächsten Partner nicht wieder hergeben muss.

Vielen Frauen geht es wie Christine. In den überraschenden Verlusten der Partner spiegelt sich der Verlust eines geliebten Elternteils. Die Angst vor dem Verlust ist eigentlich die Erfahrung eines Waisenkindes, welches den Verlust tatsächlich erlebt hat. Manchmal wird dieser Elternverlust auch gar nicht selbst erlebt, sondern von den Ahnen übernommen. Dann waren Mutter oder Großmutter das Waisenkind und gaben die Angst vor dem Ende der Liebe an die Tochter weiter. Die Angst vor dem Verlust muss dann demjenigen zurückgegeben werden, der den Verlust erlitten hat. Wenn dieser den Verlust seines Elternteils betrauert, hören die Verluste auf, sich in den Partnerschaften neu zu inszenieren.

Problem: *Verlustangst*
Ursache: *früher Verlust eines geliebten Elternteils*
Lösung: *den Verlust betrauern oder den Ahnen zurückgeben*

❯ GEWALTBEZIEHUNGEN

In Liebesromanen ist die Beziehung zwischen Mann und Frau durch Verständnis und Sehnsucht geprägt. In der harten Realität unserer Welt steht aber oft etwas ganz anderes im Vordergrund: Gewalt gegen Frauen und Gewalt in der Ehe.

Ein türkisches Mädchen, welches zwangsverheiratet wurde, schildert dies so:

> *„Ich bin in Österreich aufgewachsen und sah meine Zukunft hier. Als ich 16 war, brachte mich mein Vater zurück in die Türkei und ich musste meinen Cousin heiraten, den ich bei der Hochzeit zum ersten Mal sah. Ich protestierte zunächst, aber mein Vater schlug mich und sagte, ich müsste gehorchen. Da ließ ich geschehen, was mein Vater und mein Onkel von langer Hand geplant hatten. Ich sagte dann meinem Cousin, dass ich ihn nicht liebe und mit ihm nur wie Bruder und Schwester zusammenleben könne. Das ging einige Wochen gut, dann hielt er es nicht mehr aus und vergewaltigte mich jeden Tag. Ich hasste ihn mit jedem Tag mehr. Ich überlegte schon, zu einem Küchenmesser zu greifen und ihn zu töten. Schließlich lief ich ihm davon und fuhr zurück nach Österreich."*

In patriarchalischen Gesellschaften sind Frauen einem hohen Maß an Gewalt ausgesetzt. Das beginnt mit der Verstümmelung der weiblichen Geschlechtsorgane in den Ländern Nordafrikas, setzt sich fort im Menschenhandel mit osteuropäischen Frauen zum Zwecke der

Prostitution oder der Abtreibung von weiblichen Föten in Indien und China und endet mit den „Ehrenmorden" an islamischen Mädchen und den Mitgiftmorden an indischen Ehefrauen. In allen Kriegen und Bürgerkriegen betrachten es siegreiche Armeen als ihr gutes Recht, die Frauen der Besiegten zu vergewaltigen.

Wenn der gewalttätige Umgang mit Frauen derartig verbreitet ist, dann verwundert es nicht, dass viele Beziehungen durch Gewalt geprägt sind. Ein Netz von Frauenhäusern wurde geschaffen für Frauen, die von ihren Ehemännern regelmäßig verprügelt werden. Frauennotrufstellen wurden gegründet, um Betroffenen zu helfen, mit den psychischen Folgen von Vergewaltigungen fertig zu werden.

Gewalt wird erlernt. Sucht man nach ihren Ursachen, dann zeigt sich Folgendes: Gewalt in der Ehe wird geübt, weil dies schon sein Generationen getan wird. Die Männer folgen den schlechten Modellen ihrer Väter, die ebenfalls ihre Frauen unterdrückten. Gewalt wird vor allem in Kriegszeiten gelernt, wenn eine Kultur militarisiert und traumatisiert wird. Die schrecklichen Erlebnisse von Mord, Folter und Vergewaltigung fressen sich dann tief in die Seelen der Opfer. Vergewaltigung in der Ehe erscheint dann vergleichsweise leicht zu ertragen und wird hingenommen.

Wenn der geliebte Partner sich als Gewalttäter entpuppt, vermischt sich Liebe mit Angst und Hass. Vereinzelte Handgreiflichkeiten im Rahmen von Ehestreitigkeiten schließen Versöhnung nicht aus. Wenn die Schläge aber zu blauen Flecken und Verletzungen führen, muss entweder der Täter in einer Therapie lernen, seine Aggression unter Kontrolle zu bekommen, oder das Opfer wird ihn verlassen.

Gewalt in der Beziehung ist untragbar und muss mit allen Mitteln gestoppt werden. Das Opfer muss ermutigt werden, die Polizei zu rufen und gesetzlich gegen den Täter vorzugehen. Gesetze, wie die Wegweisung des Täters, helfen dabei. Die Frauen müssen lernen, aus der Opferrolle auszusteigen und selbstbewusst zu werden. Ein Training von Selbstverteidigungstechniken kann dabei helfen. Das Ende der Gewalt in der Ehe ist nicht nur ein Menschenrecht, sondern hat sogar globale Bedeutung. Sozialforscher haben herausgefunden, dass sich Gesellschaften erst dann wirtschaftlich entwickeln, wenn die Stellung der Frau abgesichert und frei von Gewaltdrohung ist.

Problem: Gewalt in der Ehe
Ursachen: Gewalttradition, Krieg
Lösungen: Anzeige, Tätertherapie, Trennung

〉 EIFERSUCHT

Seitensprünge passieren in großer Zahl und die meisten Paare machen im Laufe ihrer Beziehung die schwierige Erfahrung, dass einer oder beide Partner fremdgehen. Da die Menschen dies wissen oder spüren, ist auch die Eifersucht nicht durch Vernunftargumente zu entkräften.

Wenn dies nur einmal geschieht und die Ausnahme bleibt, dann wird die Beziehung zwar eine Krise durchleben, aber den Seitensprung letzten Endes überstehen. Wenn aber ein Partner bei jeder sich bietenden Gelegenheit fremdgeht, dann wird der andere wahrhaft zum Betrogenen. In vielen Ehen werden die Frauen immer wieder betrogen, der Ehemann hat eine Freundin nach der anderen, ohne sich jedoch von seiner Frau zu trennen. Für die Männer, die sich als „Womanizer" gebärden, hat dieses Arrangement den Vorteil, Familienleben und freie Sexualität verbinden zu können. Bei der betrogenen Ehefrau stauen sich Wut und Verbitterung auf, wobei der Mann aber doch nicht verlassen wird, weil die Verbindung zu ihm gesellschaftliche und ökonomische Vorteile bringt. Oft explodiert die Wut der Betrogenen dann bei Scheidungsverhandlungen, wo sich die Ehefrau durch möglichst hohe finanzielle Forderungen zu rächen versucht. Manchmal rächt sich die Betrogene, indem sie sich ihrerseits einen Liebhaber nimmt.

Wenn ein Ehepaar sich auf eine offene Ehe einigt, wo jeder der beiden Partner frei über seine Sexualpartner entscheiden kann, dann lässt sich die Eifersucht im Zaum halten. Zum Seitensprung gesellt sich aber meist der Schwindel. Dem Partner wird vorgespielt, dass alles in Ordnung sei. Dadurch wird die Eifersucht immer stärker und ist durch nichts zu beruhigen. Der betrogene Partner spürt, dass etwas nicht stimmt. Alle Beteuerungen des Partners, dass die Eifersucht unbegründet sei und man sich das alles nur einbilde, helfen nichts. Auch wenn keine Beweise vorliegen, wird die Partnerin misstrauisch, wenn der Mann immer länger im Büro Arbeit bleibt und immer weniger Interesse an der Beziehung hat.

Die Ursache des Seitensprungs liegt einerseits in der genetischen Veranlagung vieler Männer (aber auch so mancher Frauen). Ein weiterer Grund ist der mit dem Seitensprung verbundene Geltungsdrang. Je mehr Frauen ein Mann hat, desto größer sind seine Bedeutung und seine Macht. Dies mag in der heutigen Zeit etwas witzig klingen. Es ist aber ein uraltes Muster, das bei fast allen Säugetieren auftaucht. Männer, die sich ihres Werts nicht sicher sind, versuchen, diesen durch Sex mit vielen Frauen aufzubessern. Dann sind häufige Seitensprünge ein Zeichen von mangelndem Selbstwertgefühl. Man muss sich ständig beweisen, was für ein toller Hecht man ist. Dahinter verbirgt sich auch Bindungsangst. Wenn man viele Frauen hat, laufen einem meist früher oder später alle davon. Und das ist oft genau das Ziel der ganzen Aktion: Man braucht bei keiner zu bleiben und bleibt frei und ungebunden.

Dabei treibt man aber ein gefährliches Spiel. Nicht immer nehmen die Betrogenen das Ganze so einfach hin. Eifersucht kann sich so weit steigern, dass der Betrüger im Affekt getötet wird. Nicht umsonst ist Mord aus Eifersucht ein beliebtes Thema in Kriminalfilmen und Romanen. Shakespeares Othello ist nicht ohne Grund eines der beliebtesten Stücke der Weltliteratur. In Familienaufstellungen, in welchen die Geschichte der Ahnen durchgespielt wird, finden sich jede Menge Eifersuchtsdramen, die mit Morden oder Mordversuchen enden. Dadurch wird für die Nachkommen ein negatives Beziehungsmodell gelegt: Sich zu verlieben kann lebensgefährlich sein und daher verliebt man sich lieber nicht oder sucht sich Partner, die die Beziehungen nach kurzer Zeit abbrechen. Wenn Nachkommen eines solchen Morddramas sich untreue Partner auswählen, bestätigt sich das überlieferte Partnerbild: Beziehung ist mit Untreue verknüpft. Unbewusst ist man mit den Folgen der Untreue einverstanden. Man kann sich dann rasch wieder von seinem Partner trennen und dies ist die beste Gewähr, dass man nicht wie die Ahnen in ein Morddrama verwickelt wird.

Die Lösung des Seitensprung-Musters liegt in der Offenlegung der Beziehungsverhältnisse. Die Ehrlichkeit über den stattgefundenen sexuellen Austausch bietet den Partnern zumindest die Chance, die durch den Seitensprung ausgelösten Emotionen zu bewältigen. Niemand kann garantieren, dass er in keiner Situation fremdgehen wird. Der Partner kann aber Ehrlichkeit verlangen. Wenn klar ist, dass es sich um einen einmaligen „Ausrutscher" gehandelt hat, dann wird die Liebe stärker sein als die Eifersucht. Wenn aber ein Mann ständig fremdgeht oder eine Frau dem Mann Kuckuckskinder unterschiebt, dann hat der Partner das Recht, diese Fakten zu wissen, um sich für oder gegen seinen Partner entscheiden zu können. Mit Ehrlichkeit sind selbst solche schwierigen Probleme lösbar und Paare, die sich wirklich lieben, bleiben trotzdem zusammen.

Eine Frau verliebt sich in ihren Traummann und wird auch bald schwanger von ihm. Als die Verlobungsringe getauscht werden, entdeckt sie, dass noch eine zweite Frau von ihrem Mann schwanger ist. Als sie ihn zur Rede stellt, rechtfertigt sich dieser, dass er mit der anderen Frau geschlafen habe, bevor er sich für seine Verlobte entschied. Er habe eben Zeit gebraucht, um sich für eine der beiden Frauen entscheiden zu können. Nun sei seine Entscheidung aber ganz klar. Die beiden bleiben zusammen und haben noch viele gemeinsame Kinder. Die Eifersucht bleibt aber ein ständiger Stachel, der die beiden zwingt, ihre Beziehung immer wieder aufs Neue zu klären. Vielleicht hat gerade das sie zusammengeschweißt.

Problem: **Eifersucht, Seitensprünge**
Ursachen: **Genetische Veranlagung,**
Geltungsdrang, Bindungsangst
Lösung: **Offenlegen der Beziehungsverhältnisse**

❯ DIE VERLORENE LIEBE

Nicht selten tritt ein solches Beziehungsdrama auf: Man verliebt sich bis über beide Ohren in einen idealen Partner, fühlt sich seelenverwandt und ist sich sicher, dass dies die große Liebe seines Lebens ist. Die Umstände erlauben aber nicht, dass diese große Liebe gelebt wird. Der Traumpartner ist verheiratet, lebt im Zölibat, seine Familie verhindert die Beziehung mit allen Mitteln. Man ist noch jung und fühlt sich nicht reif für eine fixe Beziehung. Man möchte zuerst seine Ausbildung machen und dafür in eine andere Gegend ziehen. Der Partner ist Ausländer und man kann ihm nicht in sein Land folgen. Beide entscheiden sich daher, auf die Liebe zu verzichten.

Dies macht aber die Liebe nur umso größer. Im Nachhinein wird diese wunderschöne Beziehung idealisiert, denn diese musste nie aus dem Verliebtheitsstadium in die Realität der Alltagsprobleme einsteigen. Alle späteren Partner haben daher keine Chance gegen diese erste große Liebe. Wenn man sich an jemand anderen bindet und sich mit diesem zusammenstreiten muss, flüchtet man in der Fantasie immer wieder zu seinem perfekten Geliebten. Manchmal läuft man diesem wieder über den Weg und würde dann am liebsten aus seiner Ehe ausbrechen, die durch die Existenz des verlorenen Geliebten in Frage gestellt wird.

Das Drama des verlorenen Geliebten war besonders häufig bei den vielen Soldatenwitwen des Zweiten Weltkriegs. Die große erste Liebe, die man auch geheiratet hat, fiel an der Front. Nachdem nach Jahren der schreckliche Verlust überwunden ist, taucht ein neuer Partner auf, der aber dann tatsächlich die zweite Wahl ist und dem ersten Partner nicht das Wasser reichen kann. Ohne den Tod des ersten hätte man ihn nie erwählt, und nachdem Millionen Männer tot waren, war die Auswahl auch entsprechend klein. Der neue Partner mag sich noch so bemühen, ein Stück des Herzens seiner Frau wird immer dem ersten Geliebten gehören.

Eifersuchtsdramen haben oft ihren Grund darin, dass der Ehepartner das Vorhandensein dieser großen Liebe spürt, auch wenn nach außen hin keine Beweise oder Verdachtsmomente vorliegen. Der verlorene Geliebte ist daher meist ein Versuch, das Idealbild der Liebe behalten zu können, das an der Realität der Partnerkonflikte zerschellen könnte. Der verlorene Geliebte ist nie schlecht gelaunt und nie anderer Meinung, er ist in der Fantasie jederzeit verfügbar. Dagegen hat der reale Ehepartner keine Chance, er kann nie an dieses Ideal heranreichen. Und genau das macht ihn wütend.

Heute inszenieren sich viele den verlorenen Geliebten über einen Seitensprung, der dann aus Vernunftgründen wieder aufgegeben wird. In der kurzen Zeit mit dem Geliebten ist alles wunderschön. Auch wenn dieses Liebesabenteuer nach dessen Aufdeckung aus Rücksicht auf den Ehepartner wieder aufgegeben wird, so kann man doch viele Jahre von der Aufmerksamkeit zehren, die man von seinem Geliebten erfahren hat. Ist der Partner grantig oder vielleicht sogar aggressiv, dann zieht man sich in die Fantasiewelt mit dem Geliebten zurück. Der verlorene Geliebte führt daher zu einer Spaltung der Liebeswelt in den realen und den fantasierten Partner. Wir vermeiden dadurch die Bindung an einen Menschen und die mühevolle Arbeit, die notwendig ist, um Realität und Fantasie zu einem Bild zu verschmelzen.

In den Familiengeschichten der Betroffenen findet man, dass sich der Verlust des Partners oder eines geliebten Elternteils über mehrere Generationen wiederholt. Liebe und Verlust sind seit Generationen miteinander verknüpft. Die Witwen der früheren Generationen litten meist große Not und hatten daher nicht ausreichend Zeit, den Verlust ihres Mannes zu betrauern. Sie verdrängten die Trauer und härteten sich gegenüber ihren Gefühlen ab. Die Botschaft der Ahnen lautet, sich rechtzeitig auf den Verlust der Liebe einzustellen, der sowieso kommen wird. Vielleicht sucht man sich dann unbewusst gerade jene Partner aus, die man sowieso verlieren wird.

Die Lösung dieses Konfliktes liegt in der Entscheidung für die Realität. Man muss sich mit dem Verlust des Geliebten auseinander setzen und seinen Verlust ausreichend betrauern. Wenn die Trauerarbeit abgeschlossen ist, ist es wichtig, sich wirklich vom verlorenen Geliebten zu verabschieden. Dann kann man sich auch voll und ganz für seinen jetzigen Partner entscheiden, ohne ihn ständig mit dem Verflossenen zu vergleichen.

Diesen Prozess drückte eine wiederverheiratete Kriegerswitwe so aus: *„Ich habe meinen ersten Mann Walter wirklich geliebt. Wenn mein zweiter Mann Richard schwierig war, habe ich mich oft zu Walter zurückgesehnt. Aber wer weiß, ob ich mit Walter glücklich geworden wäre, wenn er überlebt hätte. Wir hätten wahrscheinlich genauso unsere Streitigkeiten gehabt, denn er konnte stur und fanatisch sein. Vielleicht wäre er nicht so treu und zuverlässig gewesen wie mein Richard. So bin ich doch zufrieden mit meinem Leben und mit meinem Mann."*

Problem: **Verlust der großen Liebe,**
Spaltung der Bindungsfähigkeit
Ursachen: **viele Verluste in mehreren Generationen**
Lösung: **Betrauern des Verlustes, Abschiednehmen**

❭ DIE VERBOTENE LIEBE

Man sollte eigentlich meinen, dass Eltern sich freuen, wenn ihre bald oder schon erwachsenen Kinder sich verlieben. Wenn dies geschieht, bekommen sie wahrscheinlich selbst Kinder und der Fortbestand der Familie ist gesichert. Dann können sich die Eltern entspannt zurücklehnen und sich zum Erfolg Ihrer Erziehung gratulieren.

Viele junge Paare machen aber eine ganz andere Erfahrung. Es wird als Katastrophe angesehen, in wen sie sich da verliebt haben. Die Liebe wird mehr oder weniger deutlich verboten, weil der Partner den Eltern so gar nicht ins Konzept passt. Was hat er denn, wer ist er denn, was kann er denn? Mangelnder Bildungsstand, zu geringer beruflicher Erfolg, fehlendes Kapital oder fehlender Grundbesitz, Zugehörigkeit zu einer anderen sozialen Schicht oder Volksgruppe. All das wird von den Eltern ins Feld geführt, um eine junge Liebe zu hintertreiben.

Meine Lieblingstante machte diese Erfahrung. Wann immer sie sich verliebte, waren ihre Verehrer meinen Großeltern nicht gut genug. So blieb sie lange allein. Irgendwann reichte es ihr und sie heiratete aus Trotz den nächstbesten Bewerber. Mit dem war sie dann allerdings ein Leben lang unglücklich, weil er nicht ihre erste Wahl gewesen war. So bestätigte sich die negative Botschaft der Großeltern: Du suchst dir einfach die Falschen aus. Hätten meine Großeltern sich herausgehalten, dann hätte meine Tante wohl ihre erste große Liebe geheiratet und wäre glücklich geworden.

Ursache für solche Einmischungen sind Konflikte zwischen sozialen Schichten und aufeinander prallenden Kulturen. Die meisten Kulturen haben strenge Heiratsregeln. Dies führt so weit, dass in Indien und im Nahen Osten die Eltern bestimmen, wer geheiratet wird. Bei diesen Traditionen geht es meist darum, materiellen Wohlstand, Besitz und soziale Netzwerke für die nächste Generation zu sichern. Geld muss Geld heiraten, Höfe und Firmen müssen zusammenkommen.

Hochzeiten über Kulturgrenzen hinweg sind meist unerwünscht. Wo kommen wir denn hin, wenn uns jetzt die Türken schon unsere Frauen wegnehmen? Wer will schon einen Moslem als Schwiegersohn? Natürlich dürfen unsere Enkelkinder keine schwarze oder gelbe Hautfarbe haben. Vor wenigen Jahrzehnten war es in Österreich noch ein Drama, wenn eine Katholikin einen Protestanten heiraten wollte.

Besonders schwer haben es Verliebte in Zeiten des Krieges. Während des Zweiten Weltkriegs verliebten sich Französinnen in deutsche Soldaten, deutsche Frauen in Kriegsgefangene, nach dem Krieg fanden viele amerikanische Soldaten deutsche Freundinnen. Die Liebe zum Feind trägt den Keim des Untergangs in sich, denn die fremden Soldaten ziehen früher oder später zurück in ihre Heimat und es bedarf einer großen Portion Mut, mit ihnen in eine fremde Welt zu gehen. Mit dem Feind liierte wurden von ihrem Umfeld verachtet und geächtet.

Nun sind die Argumente der Verwandten gut gemeint und auch zu berücksichtigen. Wer will nicht reich heiraten und sich Konflikte ersparen, die ein zu großer kultureller Unterschied mit sich bringt? Wenn es leicht geht, wird niemand etwas dagegen haben, mit seiner Hochzeit auch seine soziale Zukunft abzusichern. Diese Vernunftgründe dürfen aber nicht das zentrale Entscheidungskriterium sein, sonst kommt eine Beziehung ohne Liebe dabei heraus. Und über die Liebe können nur die Betroffenen selbst entscheiden. Liebe lässt sich nicht begründen oder argumentieren, sie ist einfach da. Ob jemand der Richtige ist, kann man nur selbst spüren.

Deswegen müssen Eltern die Entscheidung ihrer Kinder respektieren, auch wenn diese dem äußeren Anschein nach fragwürdig erscheint. Als gutbürgerliche Väter tun wir uns tatsächlich schwer, wenn der potenzielle Schwiegersohn von Kopf bis Fuß tätowiert, mit Sicherheitsnadeln gespickt und mit Legionärsuniform bekleidet auftaucht. Wenn die zukünftige Schwiegertochter ungebildet, frech und nicht einmal des Kochens mächtig ist, dann werden Mütter wohl nicht begeistert sein. Selbst in solchen Fällen sollten wir aber als Eltern wissen, dass wir uns aus der Partnerwahl unserer Kinder heraushalten müssen. Wenn wir ihnen ungefragt und zu oft zu gute Ratschläge geben, dann werden sich die Kinder entweder von uns abwenden oder uns nicht mehr fragen. Oder, was noch schlimmer ist – wenn sie sich die Partner von uns ausreden lassen, dann fehlen ihnen die notwendigen eigenen Erfahrungen und sie bleiben am Ende ganz ohne Partner.

Eltern müssen ihre Kinder gerade in der Partnerschaft den eigenen Weg gehen und suchen lassen. Auch schwierige Erfahrungen tragen dazu bei, die Fähigkeit zur Partnerschaft zu erlernen. Von schlechten Partnern trennt man sich ohnehin wieder, man weiß aber dann, was man will und was nicht. Deshalb müssen Eltern auf die Fähigkeit der Kinder vertrauen. Wenn sie dies schaffen, werden sie meist durch glückliche Jungfamilien belohnt.

Problem: *Liebe wird verboten*
Ursache: *Konflikte zwischen sozialen Schichten und Völkern*
Lösung: *Niemand darf sich in die Partnerwahl einmischen*

❯ IMMER WIEDER DER FALSCHE PARTNER

„Ich kann tun was ich will, ich gerate immer an den Falschen." Haben Sie eine Freundin, die sich in regelmäßigen Abständen mit dieser Klage bei Ihnen ausweint? Dann geht es Ihnen wie Julia mit Carmen. Julia kann sich gar nicht mehr erinnern, wie oft sie schon versucht hat, eine völlig zerstörte Carmen wieder auf die Beine zu stellen. Dabei schien es diesmal endlich gut zu laufen. Carmen hatte Thorsten kennengelernt, ein Bild von einem Mann, charmant, zuvorkommend und mit allen Regeln der gekonnten Werbung vertraut. Er brachte Blumen, führte Carmen ins Theater und zu Jazzkonzerten, kannte bald alle ihre Vorlieben – natürlich verliebte sich Carmen Hals über Kopf in ihn. Diesmal würde es endlich anders werden als bei den vielen Katastrophen-Männern der Vergangenheit. Carmen hatte nichts ausgelassen – Alkoholiker, Ex-Knacki, Don Juan, Eisberg – alles, was das männliche Geschlecht so an Nettigkeiten zu bieten hat. Nach all dem Liebeskummer hatte sie schon überlegt, ein für alle Mal einen Bogen um jeden Mann zu machen, der sich anschickte, eine neue Facette zu Carmens Schmerzbouquet hinzuzufügen.

Aber wie gesagt, bei Thorsten war alles anders. Als Carmen und Thorsten das erste Mal im Bett landeten, zerflossen beide vor Romantik und Liebe.

Auch die nächsten Male waren noch sehr schön. Dann aber schlug Thorsten vor, doch etwas phantasievollere Stellungen auszuprobieren. Nach kurzer Zeit stellte er sich als Anhänger von extremen Sado-Maso-Praktiken heraus. Anfangs machte Carmen noch gute Miene zum bösen Spiel. Als sie aber die ersten blutigen Narben davontrug, beendete sie die Beziehung.

„Ich scheine das Unglück magisch anzuziehen. Es ist, als könnte ich die schwierigen Männer riechen wie ein Hund den verfaulten Knochen. Dabei haben meine Verflossenen überhaupt nichts gemeinsam. Ich weiß gar nicht mehr, worauf ich aufpassen soll, um mich zu schützen. Denn beim nächsten Mal hält das Schicksal wieder eine ganz neue Katastrophe für mich bereit."

Julia tröstet zwar ihre Freundin, gesteht aber insgeheim ein, dass Carmen tatsächlich unter einer Art Fluch steht. Was immer sie in der Liebe anpackt, geht schief, als wäre es verhext.

Es gibt viele Carmens. Oft sind es liebevolle und bildhübsche Frauen und kein Mensch versteht, warum sie nicht längst ihren Traumpartner gefunden haben, der sie rundherum glücklich macht. Aus irgendeinem Grund werden diese Frauen von Männern angezogen, die sie schlecht behandeln, so als wollten sie sich unbewusst beweisen, dass Liebe eben eine Katastrophe ist.

Tatsächlich finden sich diese Katastrophen, wenn man die Familiengeschichten dieser Frauen unter die Lupe nimmt. Die Mutter war mit dem Vater unglücklich, es gab zwischen den beiden ständig Streit. Die Großmutter wurde vom Großvater hintergangen, geschlagen und im Stich gelassen. Die Urgroßmutter wurde von ihren wechselnden Männern so misshandelt, dass sie schließlich in einem eisigen Gebirgsfluss Selbstmord beging.

Diese Frauen wachsen in einem Käfig aus negativen Partnererfahrungen auf. Die Mütter und Großmütter machen zwar offiziell Mut, dass die Tochter es besser machen soll. Insgeheim bringen sie den Carmens aber bei, dass Liebe unglücklich macht. Letztlich erwarten alle, dass eben auch die Junge vom Unglück ereilt wird.

In solchen Familiensystemen ist es durchaus notwendig, dass die junge Frau die Erlebniswelt ihrer (Groß)Mutter kennenlernt und deswegen unbewusst deren negative Erfahrungen wiederholt. Wenn Carmen aber versteht, dass ihr Pech nichts mit der eigenen Liebesfähigkeit zu tun hat, sondern nur eine Wiederholung der alten Rolle der gedemütigten Frau ist, dann lernt sie, innerlich aus dieser Welt auszusteigen. Sie kann dann den Müttern deren Erfahrungen symbolisch zurückgeben und beschließen, dass die Zeit reif ist für eigene, glücklichere Erlebnisse. Dann hört sie auf, in die alten Fallen zu tappen und von negativen Männern fasziniert zu sein. Sie entdeckt schließlich, dass es längst nette Männer in ihrer Umgebung gibt, die sie bis dahin nur übersehen hat, weil sie ihr zu langweilig erschienen. Sie hört auf, süchtig nach Schmerz zu sein, um das Drama ihrer Mütter aufzudecken.

Eine Patientin, die zwei schreckliche Beziehungen zu den Vätern ihrer beiden Kinder hinter sich hatte, arbeitete in der Therapie einige Zeit ihre sehr problematische Vaterbeziehung auf. Dies tat sie mit Widerwillen, denn sie wollte sich ja ohnehin nie wieder auf einen Mann einlassen, so sehr hatte sie die Schnauze voll. Nach einem Jahr kam sie mit sorgenvoller Miene in die Stunde und berichtete von ihrem neuen Freund, bei dem sie trotz schärfster Investigation nichts Negatives entdecken konnte. „Er kümmert sich sogar um meine Söhne, macht Hausaufgaben mit ihnen, aber sicher verstellt er sich nur. Da kommt wohl noch das dicke Ende, der versteckt es nur besonders gut." Inzwischen ist sie mit diesem Mann zwanzig Jahre verheiratet, das dicke Ende sucht sie immer noch vergebens.

Problem:	**Man wird von Katastrophen magisch angezogen**
Ursache:	**Mütter und Großmütter haben Katastrophen-Partnerschaften hinter sich.**
Lösung:	**Die negativen Vorbilder verarbeiten und zurückgeben**

❱ ICH KANN MICH NICHT ENTSCHEIDEN

„Drum prüfe, wer sich ewig bindet, ob sich nicht noch was Bess´res findet." Wie dieses Sprichwort besagt, suchen wir oft lange nach dem richtigen Partner, nach dem Menschen, der genau zu uns passt. Wenn wir Probleme in einer Beziehung haben, schließen wir daraus, dass wir eben mit dem falschen Partner zusammen sind. Oft haben wir Bilder in uns, wie unser Partner, unsere Partnerin, auszusehen hat. Wir vergleichen unser Gegenüber mit den inneren Kriterien, die wir aufgestellt haben. Ein solches Kriterium ist die körperliche Attraktivität und Schönheit. Wir haben meistens einen ganz bestimmten Typ vor Augen, wie unser Partner aussehen sollte. Ein weiteres Kriterium sind seelische Gemeinsamkeiten. Man möchte jemanden haben, mit dem man sich auf derselben Wellenlänge zusammenfinden kann. Manchmal suchen wir auch das Gegenteil von uns selbst, das heißt, der Partner hat genau das, was wir selbst gar nicht sind oder können. Meist wählt man Partner auch aus einer ähnlichen sozialen Schicht aus, das heißt, wir beurteilen den Partner danach, wie viel Geld er verdient, wie viel soziale Verantwortung er übernehmen kann. Wir suchen unsere Partnerschaft danach aus, ob es gemeinsame Lebensziele gibt, ob man Kinder haben will oder nicht, ob es gemeinsame Interessen gibt, Lebensfelder, die beide Partner verbinden. Ganz wichtig ist natürlich das sexuelle Zusammenpassen, ob wir uns sexuell attraktiv finden und im Bett harmonieren.

Merken Sie, welche Falle sich manche Menschen bei der Partnerwahl stellen? Der Partner soll perfekt sein und möglichst alle Ansprüche erfüllen. Solange wir verliebt sind, sehen wir das ganze positive Potenzial des Partners und er erscheint uns auch perfekt. Wenn aber der Alltag kommt und die Frau bemerkt, dass ihr strahlender Held am liebsten mit einem Bier vor einer Fußballübertragung hockt, den Haushalt als Frauensache ansieht und Gefühle zwar hat, aber am liebsten darüber schweigt, dann zerplatzt das Bild des Traumpartners oft schneller, als es entstanden ist.

Menschen, die sich nicht für einen Partner entscheiden können, tappen in die Falle der Idealisierung. Der Partner soll alle Ansprüche erfüllen. Dies ist aber nicht möglich, denn nach den Gesetzen der Wahrscheinlichkeit haben Partner in etwa 50 % Gemeinsamkeiten und 50 % Verschiedenheiten. Man hat Themen, wo man gleicher Ansicht ist, wo man ähnlich denkt und fühlt. Man braucht in der Partnerschaft aber auch Herausforderungen, wo einen gerade das fasziniert, was am Partner anders ist. Wenn sich Partner zu 100 % ähnlich sind, dann ist das zwar sehr angenehm, wird aber bald langweilig. In der Liebesbeziehung suchen wir zwar die Begegnung auf allen Ebenen, die denkbar und möglich sind. Dennoch sind die Berührungspunkte in jeder Beziehung andere: Mit einem verstehen wir uns sexuell sehr gut, mit dem nächsten können wir sehr gut reden, der dritte ist ein guter Kumpel, bei dem schnell Vertrauen entsteht. Darum ist Partnerschaft auch so komplex, weil es eben nicht so einfach ist, alle Kommunikationsebenen in gleichem Maße zu perfektionieren.

Hinter dem Perfektionismus von Frauen steckt die Idealisierung der Väter, deren Schwächen gleichzeitig verdrängt und vertuscht werden.

Dies lässt sich gut am Beispiel der im Krieg gefallenen Väter darstellen. Der Held, der in Russland gefallen ist, wird im Familienmythos ständig verherrlicht. Er hatte keine Fehler und da er nicht da war, konnte man auch keine Fehler an ihm beobachten. So kann die Tochter in ihrer Vatersehnsucht an ihn gebunden bleiben. Verschwiegen wurde der Tochter aber, dass der Vater vor seinem Tod höchstwahrscheinlich Kriegsverbrechen begangen hat, eigentlich ein Mörder ist. Vielleicht war er auch voller Ängste und ging von der Kriegsgewalt schwer traumatisiert in den Tod.

Durch die Spaltung des Vaterbildes in Idealisierung einerseits und schreckliche Realität andererseits teilt sich auch das Partnerbild der Tochter in zwei Teile: Es wird das perfekte Ideal des Mannes gesucht und nie gefunden. Denn auch der idealisierte Vater hat diesem perfekten Bild ja in Wirklichkeit nie entsprochen. In der Realität findet die Tochter nur „schreckliche" Männer vor, an die sie sich nicht binden kann. Unbewusst sucht sie den realen Vater, der eben auch Fehler hatte. Diese Fehler werden dann beim Partner abgelehnt, da sonst das Ideal des perfekten Vaters aufgegeben werden müsste.

Die Falle der Perfektionisten ist sehr schön im Märchen von König Drosselbart ausgedrückt: Für die überhebliche Königstochter ist im Grunde kein Mann gut genug, um von ihr erhört zu werden. Das Märchen zeigt aber auch den einzigen Ausweg aus der Perfektionismus-Falle. Das Schicksal zwingt die Prinzessin, sich auf einen Mann mit all seinen Schwächen einzulassen. Erst als sie dies tut, entdeckt sie, dass sich hinter dem schmutzigen und armseligen Äußeren ihres Partners in Wirklichkeit der Prinz versteckt, mit dem sie glücklich werden kann. So löst sich die Perfektionismus-Falle auf. Wenn wir uns für einen Partner entscheiden und uns dadurch auf seine Schwächen einlassen, dann entdecken wir auch sein positives Potenzial und werden mit ihm glücklich.

Problem:	*Entscheidungsschwäche*
Ursache:	*Perfektionismusfalle*
Lösung:	*Sich auf die Realität des Partners einlassen*

❱ HILFE, MEIN PARTNER IST VERHEIRATET

Niemand versteht, warum Rosemarie noch nicht in festen Händen ist. Eine bildhübsche Frau, liebevoll, voller Sehnsucht nach einer eigenen Familie – und was passiert? Sie gerät immer wieder an verheiratete Männer, geschehe was will. Nicht, dass diese Verheirateten ein erster Preis wären oder sie besonders gut behandelten. Aber trotzdem geht sie ihnen immer wieder auf den Leim.

Nicht, dass Rosemarie keine andere Wahl hätte. Seit einigen Monaten wird sie von Roland umworben, einem netten jungen Mann, der sie am liebsten auf Händen tragen würde. Er wurde aus langer schlechter Erfahrung heraus von Rosemaries Freundinnen auf Herz und Nieren geprüft. Alle sind sich sicher: Dieser Mann ist definitiv nicht verheiratet und würde an Rosemaries Seite eine super Figur machen.

Aber er scheint Rosemarie nicht zu interessieren. Es ist zum Verzweifeln. Rosemarie scheint ihr Unglück zu brauchen. Wann immer ihr verheirateter Freund Gottfried gerade Zeit hat, lässt sie alles liegen und stehen. Er braucht nur mit dem Finger zu schnippen und sie kommt gesprungen. Er braucht ihr nur ein Treffen zu versprechen und Rosemarie steht auf Abruf, auch wenn es zu diesem Treffen dann gar nicht kommt.

Rosemarie traut sich gar nicht mehr zu fordern, Gottfried solle sich von seiner Frau scheiden lassen. Sie weiß längst, dass er dies sowieso nie tun wird. So oft hat er ihr dies erklärt, die Kinder, das Haus, der gemeinsame Freundeskreis, nein, das kann Gottfried nicht aufgeben. Lieben würde er natürlich nur Rosemarie, denn das mit seiner Frau sei längst nur mehr Kameradschaft. Aber sie müsse sich eben mit den begrenzten Stunden abfinden. Die seien doch dafür umso schöner, nicht wahr?

Rosemarie findet sich ab. Sie schenkt Gottfried ihre besten Jahre. Sie ist bald zu alt, um eigene Kinder zu haben. Für Gottfried vergibt sie ihre Chance, eine eigene Familie zu gründen.

Blickt Rosemarie nicht ganz durch, fragen sich ihre Freundinnen besorgt. Begreift sie nicht, dass sie einem typisch polygamen Mann aufsitzt, der den Besitz von zwei schönen Frauen als sein gutes Macho-Recht ansieht?

An diesem wunden Punkt fehlt Rosemarie tatsächlich der Durchblick.

Sie ist seit Kindertagen unbewusst an das Dreieck ihrer Kindheit gebunden, in welchem der heiß geliebte Vater mit der weniger geliebten Mama verheiratet war. Die Aufmerksamkeit des Papas konnte man nur für wenige Stunden haben, aber nach diesen kostbaren Stunden sehnt sich Rosemarie immer noch zurück. Da sie sich von dieser großen Liebe zu ihrem Vater nie gelöst hat, überträgt sie die Situation ihrer Kindheit auf Gottfried, der altersmäßig ihr Vater sein könnte: ein Mann für wenige Stunden, verheiratet aber heiß geliebt.

Rosemarie müsste eine Therapie machen, um ihre unbewusste Vaterübertragung zu hinterfragen und aufzulösen. Dann würde sie Gottfried wahrscheinlich heim zu seiner Ehefrau schicken. Dann würde sie entdecken, dass Roland nicht nur ein super Kumpel ist, sondern auch ein wunderbarer Partner wäre, der ihr bald einen Heiratsantrag machen würde. Dann würde sie noch die Kinder bekommen, die sie sich so sehr wünscht.

Dann … Aber dann müsste sie auf die bittersüße Liebe zu Gottfried verzichten, auf das Heiß-Kalt-Wechselbad von Gerufen- und Weggeschickt-Werden, auf die Achterbahn von Sehnsucht und Enttäuschung. Darauf will Rosemarie nicht verzichten, denn es ist der Inhalt ihres Lebens. Und darum bleibt sie die Freundin eines verheirateten Mannes, der weiter ihre Bedürftigkeit ausnützt.

Problem:	**Der Partner ist verheiratet**
Ursache:	**unbewusste Bindung an den geliebten Vater**
Lösung:	**Loslösung vom Vater,**
	Trennung vom verheirateten Freund

❯ DIE ZWEITE WAHL

Wenn Menschen immer wieder in ihrer Liebessehnsucht enttäuscht wurden, mehrmals den Laufpass bekommen haben und meinen, den immer wiederkehrenden Liebeskummer nicht mehr ertragen zu können, dann treffen sie eine nahe liegende Entscheidung: Sie gehen eine Beziehung zu einem Menschen ein, den sie nicht wirklich lieben. Sie schlafen zwar mit einem oder mehreren Partnern, binden sich aber nicht mit dem Herzen. Diese Strategie dient dem Zweck, das Herz vor weiterem Kummer zu schützen. Wenn man nicht liebt, kann man auch nicht verletzt werden. Wenn einen der Partner verlässt, hat das keine Bedeutung. Man sucht sich einfach einen anderen. Der nicht geliebte Partner ist gewissermaßen austauschbar.

Man kann die Abwertung des Partners noch steigern, indem man sich einen wählt, der nicht zu einem passt, einem nicht das Wasser reichen kann oder völlig unter dem eigenen Niveau steht. Dann fühlt man sich dem Partner in jedem Fall überlegen, kann zu ihm hinabschauen, kann ihn vielleicht auch mit der eigenen Überlegenheit und Macht beherrschen und kontrollieren.

Das Problem der Menschen mit zweiter Wahl ist gar nicht so sehr die Persönlichkeit des Partners, sondern der Zustand des eigenen Herzens. Wer so tief verletzt wurde, gibt dem Partner gar keine Chance, einen zu erobern. Dies ist im Märchen von Rapunzel gut ausgedrückt. Der Prinz kann noch so oft um Rapunzel werben, solange diese ihren sicheren Turm nicht verlässt, haben die beiden keine Chance. Der Turm ist aber ein böser Fluch, der von einer Hexe über das Mädchen gesprochen wurde.

Dieser Fluch besteht in der Beziehungsrealität aus negativen Gedanken und Verletzungen. Wenn man sich abgewertet fühlt, dann wertet man auch seinen Partner ab. Wenn man sich ungeliebt fühlt, verweigert man seinem Partner die Zuneigung. Wenn man sich klein und minderwertig fühlt, flüchtet man sich in die Hochnäsigkeit. Nichts kränkt den Partner mehr, als ihn ständig als zweite Wahl zu titulieren, der gegen die wahren Männer keine Chance hat. Meist fühlt man sich aber auch selbst als zweite Wahl, die gar keinen guten Partner verdient hat.

In den Familien der zweiten Wahl kann man beobachten, dass über Generationen Frauen verachtend, aber auch Männer verachtend miteinander umgegangen wurde. Frauen waren wertlos, und sie rächten sich, indem sie die Männer ständig kritisierten. In diesen Familien war letztlich jeder „zweite Wahl". Die Kinder wuchsen mit Abwertung und mangelndem Selbstvertrauen auf.

Um dieses Dilemma zu lösen, braucht es daher die Aufwertung beider Partner und danach eine bewusste Neuentscheidung. Mit dem Gefühl der zweiten Wahl wurde der Entscheidung für den Partner ausgewichen. Denn wenn man einen Menschen nicht wirklich ansieht, kann man sich auch nicht für ihn entscheiden. In der Partnertherapie werden den Partnern vor allem Übungen mitgegeben, die den eigenen Selbstwert stärken und auch den Wert des Partners sichtbar machen.

Eine Akademikerin, die sich nicht als liebenswerte Frau fühlt, heiratet einen Handwerker, der Komplexe bezüglich seiner Bildung hat. So können einander beide gut verachten. Die Frau hält dem Mann seine fehlende Bildung vor, der Mann kritisiert die fehlende Weiblichkeit der Frau. In der Therapie werden die Stärken der beiden Partner hervorgehoben. Die Frau ist sehr klug, der Mann ist spontan und kann mit Gefühlen gut umgehen. Schließlich geben beide zu, dass sie jeweils von der Fähigkeit ihrer Partner sehr angezogen sind. Schließlich spricht der Mann aus, dass er auf die Intelligenz seiner Frau stolz ist, die Frau gesteht, dass ihr die Spontaneität ihres Mannes imponiert. Auf der Basis der Stärken, die nun wahrgenommen werden, entscheidet sich das Paar erneut füreinander.

Problem: *Das Herz bleibt verschlossen*
Ursache: *Abwertung über viele Generationen*
Lösung: *Aufwertung des Partners, Selbstwerttraining*

❱ MUTTERBINDUNG

Jakob, ein erfolgreicher Techniker, hat Pech in der Liebe. Alle seine Beziehungen scheitern nach kurzer Zeit. Die hübschen Freundinnen laufen ihm immer wieder davon. Dabei sieht er gar nicht übel aus, verdient viel Geld und bemüht sich sehr, es den Frauen recht zu machen. Mit der Zeit wird er immer unsicherer, was seine Wertigkeit beim anderen Geschlecht betrifft. Wenn er eine Frau kennen lernt, verhält er sich komisch und verschroben. So landet er in einem Teufelskreis aus Unsicherheit und Enttäuschung.

Jakob wird immer einsamer. Alle seine Freunde sind schon verheiratet. Er wird zwar eingeladen, fühlt sich dann aber als fünftes Rad am Wagen. Deshalb zieht er schließlich wieder in sein Elternhaus zurück, denn dort ist er wenigstens nicht allein. Da er das einzige Kind seiner Eltern ist, tun diese alles für ihn. Besonders für die Mama ist er ihr Ein und Alles. Sie kocht für ihn, wäscht seine Wäsche, kann sich stundenlang mit ihm unterhalten. Mutter und Sohn gehen in der Früh gemeinsam in die Arbeit, am Abend kommen sie gemeinsam heim. In einem dieser Gespräche rutscht es ihr heraus: „Weißt du, ich war auf jede deiner Freundinnen eifersüchtig. Die haben dich doch gar nicht verdient. Schau nur, wie sie dich alle schlecht behandeln. Nein, im Grunde wollte ich dich nie an eine andere Frau hergeben."

Da geht Jakob ein Licht auf. Vielleicht ist ja seine Mutter sein wirkliches Problem. Er sucht einen Psychologen auf und bearbeitet seine Mutterbindung. Der Psychologe hinterfragt so einiges an Jakobs Lebensführung. Müssen Vierzigjährige noch zu Hause bei der Mama wohnen? Gehört die Unterwäsche eines erwachsenen Mannes in die Hände seiner Mutter? Ist es gut, wenn die Beziehung zur Mutter die intensivste und praktisch einzige Beziehung des Sohnes ist? Muss nicht jede Mutter ihren Sohn loslassen, wenn das Leben weitergehen soll? Sind die verführerischen Liebesbezeugungen der Mutter nicht in Wirklichkeit eine Falle, die den Aufbau einer Partnerbeziehung verhindert?

Anfangs will Jakob diesen bösen Psychologen am liebsten zum Teufel schicken. Bald muss er ihm aber Recht geben. Auf subtile Weise hat seine Mutter den einzigen Sohn an sich gebunden. Bei aller Liebesbeteuerung hat sie Jakob damit unglücklich gemacht. Denn ohne Liebe zu einer Partnerin ist sein Leben nicht lebenswert.

Daraufhin zieht Jakob wieder von zu Hause aus. Er bricht für einige Zeit den Kontakt zu seiner Mutter völlig ab. Er lässt sich von deren Gezeter und Gejammer nicht mehr beeindrucken, legt den Hörer auf, wenn sie anruft, um ihn unter Druck zu setzen. Von seinem Psychologen unterstützt, lernt er seine Ängste und seine Einsamkeit auszuhalten. Wenn er sich einsam fühlt, dann ist das eben so. Er hält dies nun aus und muss nicht mehr heim zur Mama flüchten. Dadurch wird Jakob selbstbewusster und nimmt sein Leben immer mehr in die Hand. Da er beruflich ohnehin erfolgreich ist, dauert es nicht lange, bis eine neue Freundin auf Jakob aufmerksam wird. Da Jakob sein unsicheres Verhalten abgelegt hat und die neue Freundin nicht mehr mit der übermächtigen Schwiegermutter konkurrieren muss, klappt diesmal die Beziehung. Jakobs gewohnte Befürchtung tritt gar nicht mehr ein und die Freundin läuft ihm nicht davon. Sie wäre ja auch schön blöd, einen so einen feschen, erfolgreichen und schlussendlich erwachsen gewordenen Mann ziehen zu lassen.

Problem: Pech in der Liebe
Ursache: Mutterbindung
Lösung: radikale Loslösung von der Mutter

❭ VATERDOMINANZ

Cornelia hat eine gute Beziehung zu ihrem Vater. Er bezahlt ihr Studium, ihre Auslandsaufenthalte und schenkt ihr zum bestandenen Führerschein einen schicken Wagen. Wenn Cornelia ihre Eltern besucht, hat der Vater immer ein offenes Ohr für ihre Probleme und hilft in der Regel mit Geld aus. Er klagt auch nie darüber, dass Cornelia eine Ewigkeit studiert und es nicht schafft, ihr Studium abzuschließen. Cornelia respektiert ihren Vater, der als Arzt bei seinen Patienten sehr beliebt ist. Ein einziges Mal hält sich Cornelia nicht an den Rat des Vaters. Sie verliebt sich in Omar, einen arabischen Austauschstudenten und bekommt mit diesem ein Kind. Allerdings fragt sie sich bald, ob die Bedenken des Vaters gegen diesen Ausländer nicht doch gerechtfertigt waren. Ihr Freund zeigt bald sein wahres Gesicht, unterdrückt seine Freundin und schlägt sie auch, wenn sie ihm widerspricht. Schließlich flüchtet Cornelia zurück ins Haus ihrer Eltern und ihr Vater hält ihr den aggressiven Freund vom Leib. Cornelia weist dessen Gesprächsangebote von sich und als Omar dies nicht einsehen will, wird er vom Vater angezeigt und mit Klagen eingedeckt. Als Omar auf Grund dieser Anzeigen seine ersten Vorstrafen erhält, wird er etwas ruhiger, fordert nun aber sein Besuchsrecht zum gemeinsamen Kind. Wieder kann sich der Vater die besseren Anwälte leisten und Omar bleibt ohne Chance.

In den nächsten Jahren entwickelt Cornelia immer stärkere Ängste, Omar könnte ihr Kind entführen und in seine Heimat Jordanien verschleppen. Der Vater bekräftigt ihre Sorgen: „Ich habe dich doch gewarnt. Diese Ausländer sind doch allesamt aggressiv und gewalttätig. Hättest du mir nur geglaubt." Cornelia traut sich daher kaum mehr aus ihrem Elternhaus und lässt den kleinen Jasin nicht in den Kindergarten gehen. Zur Behandlung dieser Ängste sucht sie eine Psychotherapeutin auf.

Die Therapie dreht sich bald um den großen Unterschied, der zwischen Omar und Cornelias Vater besteht. Cornelia versteht sich selbst nicht. Warum konnte sie bei so einem tollen Vorbild auf diesen entsetzlichen Partner hereinfallen? Sie erklärt sich dies dann mit ihrem pubertären Protest gegen ihren idealen Vater. Sie musste sich dessen negatives Gegenteil suchen, um sich von ihm abzulösen. Das ging aber gründlich schief.

Als die Therapeutin interpretiert, dass Cornelia eine sehr tiefe Bindung an ihren Vater und sich die Katastrophe inszeniert hätte, um sich zu beweisen, dass niemand ihrem Vater das Wasser reichen könne, weist Cornelia dies entschieden von sich. Auf den Vater könne man sich eben verlassen, auf Omar aber nicht. Immerhin führen die Anregungen der Therapeutin dazu, dass Cornelia sich ausführlich mit dem Werdegang des Vaters beschäftigt. Dass dieser bei der SS gewesen war, hatte sie ja immer gewusst, dem aber keinerlei Bedeutung beigemessen. Nun entdeckt sie, dass Vaters SS-Einheit in der Partisanenbekämpfung eingesetzt war und dass dabei Mord und Totschlag eher die Regel als die Ausnahme gewesen waren. Plötzlich relativiert sich ihre Sichtweise hinsichtlich der Männer. Der Vater ist tatsächlich in Gewalt verstrickt gewesen und hat dies ein Leben lang geleugnet. Omar verhielt sich zwar im Streit dominant, hatte aber niemanden umgebracht. Mit der Wahl ihres Partners hat Cornelia die negative Seite des Vaters wieder aufs Tapet gebracht.

Nunmehr erklärt sich Cornelia bereit, sich wieder mit dem Vater ihres Kindes auseinanderzusetzen. In gemeinsamen Gesprächen mit der Therapeutin gelingt es Omar und Cornelia, die Besuchszeiten zu regeln und als Eltern eine gemeinsame Linie gegenüber Jasin zu fin-

den. Ob da wieder Liebe sein könnte, bleibt zunächst offen. Allerdings nimmt sich Cornelia eine eigene Wohnung, um vom Vater unabhängig zu werden.

Die Dominanz der Väter über ihre erwachsenen Töchter hat viele Formen. Da ist zunächst die direkte Einflussnahme. Die Tochter soll dem Rat des Vaters folgen. Wenn sie dies nicht tut, wird sie finanziell abhängig gehalten durch Geldgeschenke, durch eine bezahlte Wohnung oder indem sie beim Vater angestellt ist. Am gefährlichsten ist aber die geistige Abhängigkeit. Der Vater bleibt die oberste moralische Instanz, die immer Recht behält. Entscheidungen der Tochter werden als unreif kritisiert, Schwiegersöhne werden als moralisch minderwertig deklassiert. Die Streitigkeiten, die es beim Aufbau einer Beziehung nun einmal gibt, werden als Beweis für die falsche Partnerwahl der Tochter herangezogen.

Vaterdominanz führt in der Regel dazu, dass sich die Tochter scheiden lässt oder nie heiratet. Wenn Töchter von starken Vätern also ihre Ehe retten wollen, müssen sie sich aus dem Einflussbereich des Vaters lösen.

Problem:	**Pech in der Liebe**
Ursache:	**Vaterdominanz**
Lösung:	**radikale Loslösung vom Vater**

❭ MACHTKÄMPFE

Was Eltern oft als Beweis einer falschen Partnerwahl ihrer erwachsenen Kinder anführen, ist im Grunde etwas ganz Normales. In den Jahren, in denen ein Paar seine Beziehung aufbaut, wird viel gestritten. Denn da geht es ja auch um viel. All die Regeln des gemeinsamen Alltags müssen festgelegt werden und entgegen den romantischen Liebesmärchen sind sich die Paare da keineswegs von Anfang an einig. Mann und Frau stammen aus verschiedenen Familien, Gegenden und manchmal auch aus unterschiedlichen Kulturen. Die Wahrscheinlichkeit ist hoch, dass Gewohnheiten, die mir selbstverständlich sind, in der Familie meines Partners ganz anders gehandhabt werden.

In den Partnertherapien geht es häufig um diese kleinen Alltäglichkeiten. Er lässt überall seine Socken liegen, sie hat den Putzfimmel. Er setzt sich mit den Kindern nicht auseinander, sie ist eine überbesorgte Mutter. Er setzt strenge Grenzen, sie gibt immer nach. Er ist für große Investitionen, sie lässt das Geld im Kleiderladen. Er möchte jeden Tag Sex, sie nur dann, wenn alles passt.

Es hilft nichts, über all diese Angelegenheiten muss diskutiert werden. Wenn man ein Thema oft und lange genug bespricht, werden sich in der Regel Kompromisse finden. Manchmal überzeugt einer den anderen und setzt seine Meinung durch. Manchmal trifft man sich in der Mitte. Manchmal werden die Lösungen beider Partner abwechselnd ausprobiert. Ziel der Machtkämpfe ist das Gleichgewicht zwischen den Partnern. Keiner der beiden darf das Gefühl haben, dass er den Kürzeren zieht. Dann beruhigen sich irgendwann die Machtkämpfe und in die Beziehung kehrt Ruhe ein.

Paare, die ein Leben lang streiten, haben Angst, vom anderen untergebuttert zu werden. Jeder Kompromiss wird vermieden, denn dies könnte ja einen Sieg für den anderen bedeuten. Da Lösungen boykottiert werden, wird die Liste der Streitthemen immer länger. Schlussendlich sind Streitpaare den ganzen Tag damit beschäftigt, sich gegenseitig zu bekämpfen.

In den Psychotherapien stellt sich meistens heraus, dass der Kampf gegen den Partner ein verschobener Kampf gegen einen dominanten Elternteil ist, den man auf den Partner projiziert.

So ging es auch meiner Frau und mir in unseren ersten Ehejahren. Meine Frau war von ihrem Vater während ihrer ganzen Kindheit unterdrückt worden und wollte sich verständlicherweise von keinem Mann mehr etwas gefallen lassen. Ich hatte und habe heute noch Angst vor dominanten Frauen, die es in meiner Familie nun einmal gab. Wenn meine Frau und ich einmal loslegten, blieben wir einander nichts schuldig. Gott sei Dank hatten wir geduldige Nachbarn, die sich nie über den Lärm beschwerten, der manchmal aus unserer Wohnung nach außen drang.

Wenn keiner nachgeben will, ist das zunächst sehr anstrengend. Sie können mir glauben, ich hätte mir oft eine einfachere Beziehung gewünscht. Mit der Zeit respektiert man aber die Kraft des anderen, und wenn schließlich doch Lösungen gefunden werden, so halten die umso länger. Wenn man nicht aufgibt und sich ehrlich auseinander setzt, dann sind irgendwann alle Themen geklärt und der Streit hört auf. Neue Streitpunkte klären sich dann schnell, weil man ja viel Routine im Konfliktlösen hat.

Hilfreich war sicher auch, dass sowohl meine Frau als auch ich in Selbsterfahrungsstunden lernten, unsere Partnerbilder von unseren Elternbildern zu trennen. Meine Frau lernte, dass ich zwar stur sein konnte, aber keineswegs so tyrannisch wie ihr Vater. Ich lernte, die Stärke meiner Frau auszuhalten, in dem Wissen, dass sie meine Freiheit keineswegs so einschränken würde wie meine Mutter.

Heute können wir in Ruhe über diese Gefühle reden. Wenn ich in meine alte Angst vor dem Dominiert-Werden rutsche, weist mir meine Frau nach, dass ich mich genauso oft durchsetze wie sie. Das beruhigt mich dann und der logische Kompromiss ist nicht mehr schwer zu treffen.

Problem: *Machtkämpfe*
Ursache: *dominante, tyrannische Eltern*
Lösung: *positive Streitkultur, Kompromisse*

❱ VERTEILUNGSGERECHTIGKEIT

Haben Sie schon mal von der Halbe-Halbe-Diskussion gehört? Nein? Dann haben Sie die letzten Jahre vielleicht in einem anderen Land verbracht oder lesen nicht gerne Zeitung. In Österreich versucht die Politik seit Jahren für Gerechtigkeit im Geschlechterkampf zu sorgen.

Mann und Frau sollen den gleichen Anteil an der Kindererziehung und an der Haushaltsführung haben. Sie sollen die gleichen Bildungschancen und die gleichen Möglichkeiten am Arbeitsplatz vorfinden.

Zugegeben: Die Politik hat mit diesem hehren Ziel nur mäßigen Erfolg. Noch immer haben die Frauen den größeren Anteil an Kindererziehung und Haushaltsführung und die kleineren Karrierechancen. Die Einkommensschere von Mann und Frau geht in den letzten Jahren wieder auseinander.

Es darf daher nicht verwundern, dass der Kampf um Verteilungsgerechtigkeit sich in die einzelnen Haushalte verlagert hat. Frauen beklagen mit mehr oder weniger großem Erfolg das zu geringe familiäre Engagement der Männer. Männer leisten hinhaltenden Widerstand dagegen, dass sie nach und nach zu Hause mehr Verantwortung übernehmen sollen. Die Meinungen, was dabei gerecht oder ungerecht ist, gehen weit auseinander. Wenn beide Partner sich schlecht behandelt fühlen, gibt es einen erbitterten Kleinkrieg um jeden Zentimeter Boden.

Dieser Kleinkrieg ist die Folge eines gesellschaftlichen Wandels in den letzten zwei Generationen. Unsere Großeltern hatten es noch leicht, denn die Geschlechterrollen waren durch die Tradition genau festgelegt. Der Mann verdiente das Geld und war für alles zuständig, was außerhalb des Hauses zu tun war. Die Frau sorgte für Haushalt und Kindererziehung und war für alles zuständig, was innerhalb des Hauses passierte. Durch diese klare Aufgabenteilung gab es wenig Reibungspunkte. In den letzten 60 Jahren nehmen Frauen aber immer stärker am Erwerbsleben teil und kommen dadurch in eine Doppelbelastung, die sich nur auflösen lässt, indem sich der Mann stärker zu Hause engagiert. Die Männer wiederum haben Angst, ihre alten Privilegien des Versorgt-Werdens zu verlieren und ebenfalls in eine Doppelbelastung zu geraten. Wenn beide Partner ganztags verdienen, kleine Kinder haben und sich ein Haus bauen, sind sie tatsächlich beide überbelastet und der Streit um die Arbeitsverteilung ist eigentlich ein ständiger Kampf gegen den Zusammenbruch aus Erschöpfung. Die Zunahme der Berufstätigkeit der Frauen führt zwar zu einer Steigerung des Familieneinkommens, worunter aber oft das Familienleben leidet.

Wie immer die Situation eines Paares beschaffen ist, es zahlt sich aus, die Arbeitsbelastung pragmatisch zu analysieren. Der Mensch hat einen ausgeprägten Sinn für Gerechtigkeit. Solange die Arbeit ungleich verteilt ist, wird dies für böses Blut sorgen. Wir brauchen daher eine Halbe-Halbe-Lösung, mit der beide Seiten gut leben können. Allerdings muss diese Gleichverteilung über die Summe von Berufs- und Familienarbeit erreicht werden.

Im Grunde ist es eine einfache Rechnung: Die Arbeit, die ein Mensch gut leisten kann, ohne krank zu werden, nennen wir 100 % seiner Leistungsfähigkeit. Ein Paar, das aus zwei gesunden Menschen besteht, hat also 200 % Leistungsfähigkeit (100 % für den Mann und 100 % für die Frau). Die Leistung, die das Paar erbringen muss, besteht zur Hälfte aus bezahlter Erwerbsarbeit und zur anderen Hälfte aus unbezahlter Familienarbeit. Die 200 % der geleisteten Familienarbeit teilen sich also auf 100 % Geldverdienen und 100 % Haushaltsführung bzw. Kindererziehen auf. Wie diese 200 % jetzt auf Mann und Frau aufgeteilt werden, ist die freie Entscheidung des Paares. Bei einem traditionellen Paar wird der Mann 100 % des Geldes verdienen und die Frau 100 % des Haushaltes machen. Wenn bei einem modernen Paar beide ganztags arbeiten, wird jeder 50 % seiner Leistungsfähigkeit für die Arbeit und 50 % für die Familie benötigen. Solange die Kinder klein sind, kann dies ganz schön anstrengend sein. Leichter geht sich diese 50-50-Rechnung aus, wenn beide Teilzeit arbeiten.

Wenn, wie häufig der Fall, der Mann ganztags und die Frau halbtags arbeitet, trägt er zwei Drittel zum Familieneinkommen bei und entsprechend leistet die Frau Zwei Drittel der Hausarbeit. Da die Frau ein Drittel des Familieneinkommens verdient, verlangt sie mit Recht, dass der Mann ein Drittel der Hausarbeit erledigt.

Obwohl die grobe Rechnung eigentlich sehr klar ist, wird über die Details oft bis in die Nacht hinein gefeilscht. Wenn ein Mann nicht einmal den Geschirrspüler ausräumt und die Kinder nur als schlafende Englein kennenlernt, riskiert er, dass die Frau ihn früher oder später wutentbrannt verlässt. Umgekehrt weisen manche Männer zu Recht darauf hin, dass sie bereits 100 % des Geldes verdienen, für alle Reparaturen und Behördengänge zuständig sind, den Abwasch erledigen und nicht auch noch jeden zweiten Tag kochen können.

Sorgen Sie also für Verteilungsgerechtigkeit. Schließen sie Vereinbarungen, wer was erledigt und rechnen sie dabei ruhig die verschiedenen Tätigkeiten gegeneinander auf. Wenn Sie auf keinen grünen Zweig kommen, machen Sie eine Tabelle: Auf der linken Seite schreiben Sie untereinander die Zeilen der verschiedenen Tätigkeiten (bezahlte und unbezahlte). Oben schreiben Sie die verschiedenen Spalten der handlungsfähigen Personen: Mann, Frau, Oma, Opa, 1. Kind, 2. Kind, Außenstehende (bezahlte Handwerker). Jetzt macht jeder in seiner Spalte Kreuze neben die Tätigkeiten, die er bereits ausführt. Danach macht er Kreuze unter Tätigkeiten, die er gerne macht. Tätigkeiten, die keiner gerne macht, werden an Außenstehende delegiert. Oft ist es billiger, einen Handwerker zu bezahlen, als sich wochenlang wegen einer unerledigten Arbeit fertig zu machen. Omas und Opas sind oft willige Helfer, wenn sie gebraucht und ins Familienleben eingebunden werden können. Kinder können kleinere Arbeiten erledigen und lernen dabei Verantwortung.

Wenn danach einer der beiden Partner immer noch sehr viel mehr Kreuze auf dem Plan stehen hat als der andere, dann wird verhandelt, welche Tätigkeit vom Partner übernommen wird. Dabei sollte dieser sich Tätigkeiten aussuchen können, die er gerne macht. Wenn der Mann lieber abwäscht und die Frau lieber kocht, dann muss man ja nicht aus Prinzip vom Mann verlangen, dass er kochen lernt. Bei einem Hobbykoch sieht das Ganze wiederum anders aus und vielleicht macht bei einem solchen Paar die Frau gerne sauber.

Worauf immer ein Paar sich einigt: Solange nicht eine gerechte Halbe-Halbe-Lösung entsteht, werden die Diskussionen nicht aufhören.

Problem: *Ungerechtigkeit in der Arbeitsverteilung*
Ursache: *Wandel der Geschlechterrollen*
Lösung: *Halbe-Halbe-Aufteilung von*
                   Erwerbs- und Familienarbeit

❭ KINDERWÜNSCHE

Auch wenn manche Paare glauben, in diese schwierige Welt keine Kinder setzen zu können und sie sich deshalb auch keine wünschen, so wurde die Partnerbeziehung von der Natur doch zu dem Zweck geschaffen, gemeinsam Kinder aufzuziehen. Die meisten Menschen haben einen Kinderwunsch, auch wenn dieser manchmal erst spät im Leben spürbar wird und zunächst von Bedürfnissen nach Bildung und Karriere überlagert wird. In fast jeder Partnerbeziehung taucht früher oder später der Wunsch nach Kindern auf. Da diese Wünsche bei beiden Partnern nicht immer gleichzeitig und im gleichen Ausmaß auftreten, ist es wichtig, dass sich die Partner über ihre Kinderwünsche einig werden.

Es gibt viele Gründe, warum diese Einigkeit lange nicht gegeben sein kann. Heute ist der häufigste Grund, dass einer der beiden Partner schon Kinder hat, der andere noch nicht.

Als ich meine Frau kennen lernte, kam ich bald mit ihrem kleinen Sohn ganz gut zurecht. Meine Stiefvaterrolle war für mich eine gute Möglichkeit, um meine Vaterrolle zu entwickeln. Auch über unser erstes gemeinsames Kind waren wir uns ganz einig und freuten uns über unsere wunderbare Tochter. Dann aber wurde es schwierig. Meine Frau meinte, zwei Kinder seien genug und ich stimmte ihr durchaus zu. Mit dem Unterschied, dass sie bereits zwei hatte, ich aber erst eines. Jahrelang pochte ich auf mein Recht, ein zweites Kind zu bekommen – daran wäre unsere Ehe fast zerbrochen. Erst als ich einsah, dass es für meine Frau undenkbar war, noch weitere Jahre bei den Kindern zu Hause zu sein und auf ihre berufliche Entwicklung zu verzichten, bewegten wir uns wieder aufeinander zu. Es fiel mir nicht leicht, auf mein zweites Wunschkind zu verzichten, aber der Verzicht auf meine Frau und meine Familie wäre noch viel schlimmer gewesen. Schließlich fand sich auch in meinem Inneren die Lösung für mein Zwei-Kinder-Problem: Ich adoptierte meinen Stiefsohn, den ich ja schon lange wie ein eigenes Kind erzogen hatte.

Kinderwünsche machten aber auch schon vor dem Zeitalter der Scheidung Probleme. In früheren Generationen wurden die Frauen nicht gefragt, wie viele Kinder sie sich wünschten. Die Kinder, die Gott ihnen schenkte, mussten sie auch austragen. Äußerlich konnten die Frauen wenig dagegen tun, innerlich wehrten sie sich aber gegen die vielen Schwangerschaften, indem sie die unerwünschten Kinder schlichtweg ablehnten, ignorierten oder an eine kinderlose Tante herschenkten. Für viele Nachzügler wurde das Leben schwierig, weil sie sich als „Wechselbalg" abgewertet fühlten.

Wenn unbedingt ein Stammhalter geboren werden sollte, der den Hof oder die Firma erben sollte, dann hatten jene Frauen ein Problem, die nur Töchter gebaren. So gebaren Frauen bis zu acht Töchter und durften nicht mit dem Gebären aufhören, weil der Mann bei jeder Schwangerschaft hoffte, dass nun vielleicht doch der erhoffte Sohn käme. Der Ärger über die vielen unerwünschten Töchter wurde von diesen gespürt, die sich dann als erwachsene Frauen dagegen wehrten, als Gebärmaschinen missbraucht zu werden.

Am häufigsten kam der Kinderwunsch mit Ausbildungserfordernissen in Konflikt. Erst macht man seine Ausbildung, dann heiratet man, dann bekommt man ein Kind. Dies war eine eiserne Regel in unserer Gesellschaft, die aber nur allzu oft gebrochen wurde. Wenn also eine junge Frau schwanger wurde und weder sie noch ihr Freund eine fertige Ausbildung hatte, dann wurde eine Familiengründung oft unterbunden oder war einfach nicht möglich. Das Kind wurde abgetrieben, auf einen Pflegeplatz gegeben oder von den Großeltern aufgezogen. Die junge Liebe überlebte diese Zerstörung der Familiengründung nur selten. Für die werdende Mutter grub sich der Eindruck tief in die Seele ein, dass Liebe und Kinderglück nicht unter einen Hut passen. Manchmal fanden diese in ihrer Liebe verletzten Menschen nie wieder aus diesem Labyrinth heraus, in welchem man entweder sein Kind oder seine Liebe findet, nie aber beides gleichzeitig.

Als mein Vater nach dem Krieg heiratete und sein erstes Kind bekam, bedeutete dies gleichzeitig, dass er sein Studium nicht vollenden konnte, das er schon wegen des Krieges hatte hinausschieben müssen. Er schärfte seinen Söhnen daher ein, unbedingt zuerst zu studieren, bevor man sich bindet. Vielleicht lag ja in der Geschichte meines Vaters die unbewusste Ursache dafür, dass ich meine Kinderwünsche nicht alle realisieren konnte.

Problem: *unterschiedliche Kinderwünsche*
Ursache: *unerwünschte Kinder über mehrere Generationen*
Lösung: *gemeinsame Entscheidung über die Kinderzahl*

❭ SEXUELLER MISSBRAUCH

Die häufigen Beziehungsprobleme heutiger Paare haben nicht selten ihre Ursache in sexuellen Problemen. Während der Zeit des Verliebtseins klappt die Sexualität, wenn es aber ernst wird und sich eine dauerhafte Bindung einstellt, weicht einer der Partner der Sexualität aus. Dahinter stehen Ekel- und Missbrauchsgefühle, in der Familiengeschichte finden sich Missbrauchsmuster, die aufgearbeitet werden müssen, wenn die Partnerbeziehungen nicht an sexueller Sprachlosigkeit scheitern soll.

Gerhard freut sich, als seine Mama einen neuen Freund hat. Der neue Stiefvater nimmt sich viel Zeit für den kleinen Buben, spielt mit ihm im Wald und gemeinsam basteln sie Flugzeuge und Schiffsmodelle. Auch dass der neue Papa ihn ins Bett bringt, ist eine feine Sache. So geht die Mama von Zeit zu Zeit ganz beruhigt mit ihren Freundinnen aus, denn der kleine Gerhard schläft beim Stiefpapa problemlos ein. An einem dieser Abende ist von Schlafen keine Rede, denn der Stiefvater greift Gerhard zwischen die Beine und bearbeitet ihn auf eine höchst unangenehme Weise, die Gerhard nicht einordnen kann. Dies wiederholt sich immer wieder, wenn die Mama fort ist. Gerhard weiß als kleiner Junge gar nicht, was er sagen soll, und schließlich hat er den Stiefvater auch gerne. Als dieser ihm einschärft, dass dies ihr kleines Männergeheimnis ist, welches die Mama nicht zu wissen brauche, nickt er nur mit dem Kopf. Nach einigen Jahren wehrt er sich und droht, das Geheimnis auszuplaudern. Da schüttelt der Stiefvater nur bedächtig

sein Haupt und meint, wenn er das täte, würde der Papa wohl ins Ge-
fängnis und Gerhard selbst in ein Kinderheim kommen. So geht das
Ganze weiter, bis Gerhard mit 15 Jahren die Gelegenheit nutzt, in ein
Lehrlingsheim zu übersiedeln und damit seine belastete Kindheit ein
für alle Mal hinter sich zu lassen.

Gerhard wird ein fescher junger Mann, in den sich viele Mädchen ver-
lieben. Es ist ihm ein Leichtes, immer wieder mit einer neuen Freundin
im Bett zu landen. Seine Freunde scherzen schon, er sei wohl sexsüch-
tig. Seine Beziehungen sind aber meist von kurzer Dauer. Wie unter
Zwang steuert er möglichst schnell auf den Höhepunkt zu. Meist
schon vor der Ejakulation ist das gute Gefühl weg und Gerhard wird
von einer Welle von Ekel erfasst, die er nicht verstehen kann. Er schickt
dann die Freundin barsch weg und sucht sich eine neue.

Erst in der Therapie erkennt Gerhard, dass seine Ekelgefühle nichts mit
seinen Freundinnen zu tun haben, sondern Folge der sexuellen Über-
griffe seines Stiefvaters sind. In vielen Beratungsstunden setzt er sich
mit seinen grausigen Erinnerungen auseinander. Bei seiner nächsten
Freundin taucht der Ekel zwar auch auf, Gerhard muss aber nicht mehr
flüchten, sondern lässt den Ekel einfach vorüberziehen. Er wird wütend
darüber, dass seine schönen Empfindungen über so lange Zeit gestört
werden konnten. Er erzählt seiner Freundin die ganze Geschichte und
erlebt, dass er ihr vertrauen kann. Langsam wird sein sexuelles Erleben
frei von Ambivalenz.

Vanessa wächst ziemlich verwahrlost auf der Straße auf. Vater hat
sie keinen und die Mama ist den ganzen Tag in der Arbeit. Da sich
nie jemand um sie gekümmert hat, ist sie sehr glücklich, als ein alter
Nachbar sie zu Kakao und Kuchen einlädt. Dieser bietet sich auch an,
ihr bei den Hausaufgaben zu helfen, was bei Vanessas schrecklichen
Schulnoten eine tolle Sache ist. Von nun an verbringt Vanessa jeden
Schulnachmittag bei ihrem alten Freund. Der Mutter ist dies durchaus
recht, denn so spart sie sich das Geld für die Nachmittagsbetreuung,
die sie sich sowieso nicht leisten könnte.

Anfangs genießt es Vanessa, wenn sich der alte Mann beim Erklären
neben sie setzt. Schließlich hat sie nie einen Vater erlebt und so ist es
schön, einen Leihopa zu haben. Als er mit der Zeit immer näher kommt
und sie Schenkel an Schenkel sitzen, denkt sich Vanessa nichts Böses.

Als dann die Hand des alten Mannes auf ihrem Schenkel ruht, wird es unangenehm, aber was soll's. Als die Hand schließlich zwischen ihren Beinen zu arbeiten beginnt, weiß Vanessa zunächst nicht weiter. Sie traut sich nicht, ihrer Mutter davon zu erzählen, aus Angst, dass sie dann ihren Nachhilfelehrer verlieren würde. Schließlich geht Vanessa nicht mehr zu dem Nachbarn und verdrängt diese ungute Erinnerung. Als junge Frau bekommt sie nach sexuellen Kontakten meist Pilzerkrankungen in der Scheide. Die ungewöhnliche Häufigkeit dieser Ansteckungen fällt der Frauenärztin auf und sie empfiehlt Vanessa eine Psychotherapie. Bei ihrer feinfühligen Therapeutin erinnert sich Vanessa wieder an den Nachbarn und den sexuellen Missbrauch und arbeitet dies auf. Danach verschwinden die Pilzerkrankungen.

Problem: sexuelle Unlust, Ekelgefühle
Ursache: sexueller Missbrauch
Lösung: Aufarbeiten des Missbrauchs (Psychotherapie)

❯ STIEFKINDER

In Zeiten fortgesetzter Scheidungen ist es sehr wahrscheinlich, dass einer oder beide Partner bereits Kinder haben, wenn man sich ineinander verliebt. Die Patchwork-Familie mit Halbgeschwistern aus verschiedenen Ehen wird zum neuen Familienmodell. Die Frage, ob die Beziehung zwischen den Partnern klappt, entscheidet sich oft am Gelingen der Beziehung zwischen Stiefkindern und Stiefeltern.

Stiefväter sind dabei oft in einer prekären Situation. Man verliebt sich in eine Frau und bekommt das Stiefkind als Draufgabe, nach der man nicht unbedingt verlangt hat. Die Frau wiederum möchte sichergehen, dass der Mann auch zu diesem Stiefkind steht, denn sonst kann er das Ganze vergessen. Im Zweifelsfall wird sich eine Mutter für das Kind und gegen den Mann entscheiden.

Viele ledige Mütter bleiben allein stehend aus Angst, ein zukünftiger Stiefvater könne das Kind schlecht behandeln. Oft gehen diese Mütter mit ihrem Freund aus, halten ihn aber vom Kind fern, um jeden Konflikt zu vermeiden. Die Stiefkinder wiederum testen die Stiefväter bei der ersten Gelegenheit aus. Meist haben sie ja die Erfahrung gemacht, dass man sich auf Väter nicht verlassen kann. Deshalb muss man gründlich überprüfen, ob der Stiefvater es auch ernst meint. Dies gelingt am einfachsten durch eine ordentliche Provokation: „Du hast mir gar nichts zu sagen, du bist ja nicht mein Vater." Wenn der Stiefvater auf diese Provokation mit erzieherischen Maßnahmen oder auch nur mit gesunder Aggression antwortet, ist er meist bei seiner Freundin unten durch, die sich schützend vor ihr Kind stellt.

Selbst wenn ein Stiefvater es also gut meint und sich auf ein Stiefkind einlässt, hat er es oft schwer. Umso schlimmer ist es, wenn er das Stiefkind tatsächlich ablehnt, weil es nicht sein eigen Fleisch und Blut ist. Dann werden die Provokationen des Kindes nicht aufhören und dem Stiefvater den willkommenen Anlass für seine Ablehnung bieten: „Du siehst ja, zwischen mir und deinem Kind klappt das nicht. Wir können uns gerne weiter treffen, aber lass bitte dein Kind aus dem Spiel."

Manchmal hintertreiben die Stiefkinder die neue Beziehung. Vornehmlich dann, wenn sie mit der Scheidung der Eltern nicht einverstanden waren und Mama und Papa wieder zusammenbringen wollen. Auch wenn eine Tochter eine tiefe Bindung an ihren leiblichen Vater hat, ist sie oft nicht bereit, den neuen Freund der Mama im Haus zu dulden. Kinder sind dann sehr einfallsreich, um dem Stiefvater das Leben schwer zu machen.

Aus all diesen Gründen scheitern viele Patchwork-Partnerschaften. Andere gelingen sie so recht und schlecht, das ungelöste Stiefkind-Problem bleibt aber ein Stachel im Fleisch des Liebesglücks, der immer wieder von Neuem schmerzt. Oft sind viele Familientherapie-Sitzungen notwendig, um die dahinterliegende Ursache sichtbar zu machen: Stiefkinder wecken Erinnerungen an Beziehungen, in denen man selbst wie ein Stiefkind behandelt wurde. Der Stiefvater war vielleicht selbst ein lediges Kind, war das schwarze Schaf in der Familie, konnte es niemandem recht machen, wurde von seinem eigenen Vater abgelehnt. In seinem trotzigen Stiefsohn sieht man dann das unglückliche

Kind, das man selbst einmal war. Wenn diese Erinnerung an die eigene Ablehnung sehr schmerzhaft ist, scheint es am einfachsten, den Kontakt zum Stiefkind zu vermeiden. In der Ablehnung des Stiefkindes wiederholt sich die Ablehnung, die man selbst erfahren hat.

Das Stiefkind ist aber auch eine Heilungschance für Kind und Stiefvater. Unbewusst hat man sich vielleicht nicht nur seine Geliebte, sondern auch ihr Kind ausgesucht, um als Vater die Verletzungen zu verarbeiten, die man selbst als Kind erfahren hat. Das Stiefkind tut einem dann auch Leid, wenn es verzweifelt versucht, durch Boshaftigkeiten die Aufmerksamkeit des Erwachsenen auf sich zu ziehen.

Sobald der Stiefvater sich dieser Zusammenhänge bewusst wird, beginnt er sich meist mit dem Stiefkind zu beschäftigen. Das ist gleichzeitig auch das beste Rezept, um das Stiefkind-Problem aus der Welt zu schaffen. Stiefvater und Stiefsohn, oder Stiefmutter und Stieftochter unternehmen zu zweit etwas, ohne dass die leibliche Mutter (oder der leibliche Vater) anwesend ist. Sie lernen sich dadurch kennen und entwickeln eine eigene Beziehung, die sich nicht über die Rivalität um die Mama (oder den Papa) definiert. Spätestens dann kippt die anfängliche Ablehnung meist in gegenseitigen Respekt oder sogar Zuneigung um. Aus Stiefbeziehungen werden so im Lauf der Zeit lebenslange Freundschaften.

Problem:	**böser Stiefvater, böses Stiefkind**
Ursache:	**Ablehnung der („Stief-„)Kinder über mehrere Generationen**
Lösung:	**Gemeinsame Unternehmungen von Stiefvater und Kind**

❯ ALT UND JUNG

Es gibt viele Beispiele von berühmten Männern, die in hohem Alter sehr junge Frauen heirateten. Ich erinnere nur an Anthony Quinn, Karl-Heinz Böhm, Robert Stolz oder Johannes Heesters. Erfolg und

Ruhm dieser Männer scheinen eine magische Anziehungskraft auf junge Frauen zu haben, welche den Mangel an Jugend kompensiert. Aus der Sicht des Mannes ist eine solche Wahl nur allzu verständlich. Durch die junge Partnerin wird man selbst wieder jung. Die Schönheit und Jugend seiner Frau gereicht dem Mann zur Ehre. Man kann sogar noch im hohen Alter Kinder bekommen, wie dies bei Anthony Quinn der Fall war.

Was reizt aber junge Frauen an alten Männern? Sie nehmen am Ruhm ihres Mannes teil und partizipieren an seinem sozialen Status. Unbewusst suchen sich Frauen ihre Männer anhand der Chancen aus, die die gemeinsamen Kinder durch die Wahl dieses Partners bekommen. Frauen heiraten den sozialen Status und der ist im Falle berühmter Männer nun einmal verführerisch hoch. Das kann aber doch nicht der einzige Grund sein. Sind Frauen wirklich so berechnend?

Martha ist ohne Vater aufgewachsen. Dieser konnte die Mama nicht heiraten, da er bereits verheiratet war. Er zahlt zwar Unterhalt, kümmert sich aber sonst recht wenig um sein lediges Kind, da er ja bereits drei Kinder hat und seine Ehefrau allergisch auf jeden Kontakt mit dem sichtbaren Beweis der Untreue ihres Mannes reagiert. Da Martha ihren Vater höchstens einmal im Jahr sieht und manchmal nicht einmal das, lebt sie ihre Vaterbeziehung vor allem in der Fantasie. Sie malt sich aus, was ihr Vater alles mit ihr tun würde, wenn, ja wenn er wieder käme und sich dann endlich Zeit für sie nähme. Da die Mama nie heiratet und somit auch kein Stiefvater auftaucht, bleibt Marthas Fantasievater das Maß der Dinge.
Als Martha 16 ist und anfängt auszugehen, wird sie in einem Lokal von einem feschen Vierzigjährigen angesprochen. Dieser hat eine gut gehende Firma und verdient durch mehrere eigene Patente wirklich ausgezeichnet. Es ist ihm ein Leichtes, Martha in die teuersten Lokale auszuführen und sie mit Geschenken zu verwöhnen. Martha kann zuerst gar nicht glauben, dass Erich sich wirklich für sie interessiert, sie genießt aber seine Aufmerksamkeiten. Als Erich ihr schließlich einen Heiratsantrag macht, sagt sie begeistert ja.
Die Ehe von Erich und Martha klappt 25 Jahre lang ganz gut. Sie

ziehen gemeinsam drei Kinder groß – zwei gemeinsame und Erichs Tochter aus erster Ehe. Martha wächst langsam in die Position der Geschäftsführerin einer Tochterfirma hinein, die Erich aus steuerlichen Gründen auf Marthas Namen überschreibt.

Schließlich lässt Erichs betrieblicher Elan nach und er überlässt das Tagesgeschäft seinen Untergebenen, übersieht dabei, dass diese bedeutende Fehler machen. Bei der durch die Bankenkrise ausgelösten Wirtschaftsflaute muss die Firma Konkurs anmelden. Übrig bleibt Marthas Firma, die nach wie vor gut läuft.

Martha ist nun mit 41 Jahren am Höhepunkt ihrer Kraft. Sie wird zunehmend ungeduldig mit ihrem Mann, seiner Jammerei über den Untergang seines Lebenswerkes, seinen gesundheitlichen Problemen. Die Verhältnisse haben sich umgekehrt. Von ihrem idealen Traumpartner ist nichts mehr übrig geblieben. Konsequenterweise reicht Martha die Scheidung ein.

Erich und Martha sind typisch für Verlauf und Problematik von altersgemischten Ehen. Der ältere Mann ersetzt am Anfang die fehlende Vaterfigur in Marthas Leben. Martha kann die zwanzig Jahre nachholen, die sie mit ihrem Vater nicht erlebt hat. Irgendwann hat sie aber genug von der Vater-Tochter-Ehe und löst sich von ihrem Ersatzvater. Solange der Mann erfolgreich ist und idealisiert werden kann, geht alles gut. Wenn der Mann bis ins hohe Alter erfolgreich und berühmt bleibt, dann wird auch an der Ehe festgehalten. Wenn aber der Erfolg nachlässt und der Angehimmelte krank und schwach wird, wendet sich die junge Frau schließlich doch Gleichaltrigen zu. Dies ist letztlich ein notwendiger Reifungsschritt und wenn alter und junger Partner realistischerweise damit rechnen, dann sind die zwanzig Jahre davor doch ein Gewinn für beide Beteiligten.

Problem:	**großer Altersunterschied**
Ursache:	**Vatersehnsucht**
Lösung:	**späte Loslösung vom inneren Vaterbild**

❭ LIEBESTÖTER

Cordula und Rainer lieben sich. Sie finden einander attraktiv und spüren den anderen ausgesprochen gerne. Sie denken zeitweise an nichts anderes, als im wunderbaren Körper des anderen zu versinken. Leider kommen sie kaum dazu, sich diesen Gipfel des Glücks zu gönnen. Zwar machen sie alle Vorbereitungen, um zu einem Schäferstündchen zu kommen. Im entscheidenden Moment passiert dann aber etwas, was die ganze Stimmung zerstört. Oft sind es die Kinder, die im falschen Moment aufwachen und unbedingt im Ehebett weiterschlafen müssen. Manchmal ist es ein Anruf der Schwiegermutter oder ein Notruf des Chefs, der Rainer unbedingt sofort zu einer Überstunde benötigt.

Manchmal ist es Cordula, die das Zusammenkommen hinauszögert, weil sie noch eine Anlaufzeit braucht. Bis sie dann in Stimmung ist, ist Rainer oft schon verärgert und geht zu seinen Freunden auf ein Bier. Manchmal ist Rainer vor oder nach dem Liebesakt plötzlich ruppig und Cordula fällt dann aus allen Wolken. Auch wenn er nach dem Sex einschläft, ist Cordula beleidigt und zahlt es Rainer durch Liebesentzug heim. Wenn Cordula rausrutscht, dass Rainers Erektion noch nicht so ganz perfekt ist, dann fällt Rainers Pracht in sich zusammen. Wenn Rainer nicht geduscht ist, findet Cordula das ekelig. Wenn Cordula noch leichte Regelblutungen hat, dann geht sowieso nichts.

Mit der Zeit gehen sich Rainer und Cordula sexuell aus dem Weg. Sie wissen eigentlich nicht, warum ihr Sexleben so verhext ist, sie ziehen nur resigniert Resümee, dass es eben zwischen ihnen nicht klappt. Dabei können Sie sich gut riechen, lieben sich, können sich keine attraktiveren Partner vorstellen – und trotzdem geht im entscheidenden Moment alles schief.

Cordula und Rainer sind Opfer des Liebestöter-Phänomens. Jeder Mensch hat Schlüsselreize, die ihn erregt machen und andere Signale, die ihn abtörnen. Diese positiven und negativen Signale sind einerseits von der Evolution festgelegt, andererseits durch Kindheits- und Lebenserfahrungen modifiziert. Es bringt nichts, groß zu philosophieren, warum die Liebestöter so sind, wie sie sind. Es empfiehlt sich eher, sie als Realität anzuerkennen und systematisch aus dem

Sexualakt zu verbannen. Also duschen Sie vorher, wenn Schweiß Ihre Geliebte abtörnt. Bleiben sie munter, wenn Einschlafen Sie direkt in den nächsten Streit eskortiert. Zieren Sie sich nicht zu lange, wenn dies Ihren Geliebten überfordert. Machen Sie keine Witze über die Geschlechtsorgane des Partners, wenn Sie wissen, dass dieser gekränkt reagieren wird.

Manche Paare können es nicht lassen. Wider besseres Wissen setzen sie die Liebestöter ein, um den Liebesakt zu stören. „Tut mir Leid, das ist mir so rausgerutscht" ist dann die Entschuldigung, die aber den Scherbenhaufen oft nicht mehr kitten kann. Hinter dieser unbewussten Fehlleistung steckt im Wiederholungsfall eine Absicht der Seele: Die ersehnte Nähe zum anderen muss gleichzeitig verhindert werden, weil sie aus irgendeinem Grund Angst macht. Ängste vor dem Sexualakt gibt es viele: Man könnte sich an einen Missbrauch erinnern. Man könnte sich an den Partner binden, ohne es zu wollen. Man könnte schwanger werden und fühlt sich noch nicht so weit. Man könnte sich so verlieben, dass man sich hilflos und abhängig fühlt.

In solch ambivalenten Liebessituationen greift die Seele zu einem Kompromiss. Die Vereinigung mit dem ersehnten Partner wird mit allen Mitteln angestrebt und gleichzeitig verhindert. Liebestöter-Menschen verhalten sich wie Spinnen-Männchen, die sich mit den Spinnenweibchen vereinigen und sofort Reißaus nehmen, aus Angst, noch während der Begattung aufgefressen zu werden.

In solchen Fällen ist es nötig, die dem Liebestöter-Effekt zugrunde liegende Angst zu erkennen und zu analysieren. Wenn man diese Ängste mit seinem Partner besprechen kann, ist es ein Leichtes, seinen Liebesakt gemeinsam so aufzubauen, dass die Liebestöter keine Rolle mehr spielen.

Problem: *Liebestöter*
Ursache: *unbewusste Ängste vor der Vereinigung*
Lösung: *die Liebestöter vom Liebesakt fernhalten,*
                die unbewussten Ängste erkennen und besprechen

---

〉 GELD

Geld bewegt die Welt. Ohne Geld keine Musik. Liebe ohne Geld ist zwar möglich, aber doch etwas unbefriedigend. Es soll Leute geben, die ihre Partnerwahl hauptsächlich von den finanziellen Möglichkeiten des Partners abhängig machen. Der Partner muss eine gute Partie sein und mit seinem Geld einen gesellschaftlichen Aufstieg ermöglichen. Wenn 20-jährige Topmodells 80-jährige Milliardäre heiraten, dann drängt sich der Verdacht auf, dass nicht Liebe der Grund für eine solche Verbindung ist. Wer viel Geld hat, muss aufpassen, dass er nicht aus Berechnung geheiratet wird.

Reichtum ist also nicht immer eine Garantie für eine Liebesheirat. In Armut zu heiraten ist aber auch nicht unbedingt einfach. Bei Menschen, die in bescheidenen Verhältnissen aufgewachsen sind, ist Geld meist ständig ein Streitpunkt. Man möchte endlich genug Geld für die Erfüllung seiner Wünsche haben. Das Geld reicht aber nie. Wenn man sich eine Sache leistet, muss man auf andere verzichten. Die Frage ist nur, welcher Partner sich etwas leistet und welcher deswegen auf etwas verzichten muss. Darüber lässt sich trefflich streiten.

Siegfried und Susanne streiten ständig übers Geld. Zwar verdienen sie beide, aber Geld ist dennoch ein Reizthema. Sie geraten sich wegen jeder Ausgabe in die Haare und können sich auf keinen Haushaltsplan einigen. Letztendlich schließen sie eine Art Waffenstillstand. Jeder zahlt weiter die Rechnungen, die er immer schon bezahlt hat. Susanne gibt weiter ihr Geld aus, achtet aber darauf, dass Siegfried möglichst wenig davon merkt. Siegfried spart weiter, soviel er kann und verteidigt sein Erspartes mit Zähnen und Klauen.
Dieses finanzielle Nebeneinander hält in den nächsten Jahren so einigermaßen. Immer wieder flammt der Konflikt auf. Wenn ein Urlaub teurer ist als erwartet, dann verkrampft sich Siegfried dermaßen, dass der Urlaub keine Entspannung mehr ist. Wenn sie sich längere Zeit aus Rücksicht auf Siegfried zurückgehalten hat, dann bekommt Susanne einen Shopping-Anfall und trägt viele teure Kleider nach Hause, die Siegfried nicht sehen darf, weil er sonst völlig ausrastet.
Schließlich machen beide ein Aufstellungsseminar, um in Rollenspie-

len die Wurzeln ihrer unterschiedlichen Geldeinstellungen zu ent-
decken. Dort spielt Susanne ihre Kindheit in einer kleinen Holzhütte
durch, wo es kein Spielzeug und nur Sterz und Brei zum Essen gab. Sie
spürt noch mal den großen Hunger, den die Armut in ihr hinterließ
und versteht den großen Nachholbedarf, den sie in ihren Shopping-
Anfällen auslebt. Siegfried stellt das Leben seines Großvaters auf, der
durch die Geldentwertung nach dem Ersten Weltkrieg all seinen Besitz
verlor, sich mühsam wieder nach oben arbeitete, nur um nach dem
Zweiten Weltkrieg erneut alles zu verlieren. Siegfried begreift, dass er
die Ängste seines Großvaters vor dem finanziellen Absturz übernom-
men hat und gibt dem Großvater diese Angst im Rollenspiel symbo-
lisch zurück.

Nach dem Seminar wird es ruhiger im Leben von Siegfried und Su-
sanne. Sie haben nun mehr Toleranz für die finanziellen Einstellungen
des anderen. Zwar bleibt Siegfried sparsam, denn man weiß ja nie,
was kommt. Notwendige Geldausgaben sind aber für ihn nicht mehr
bedrohlich. Susanne gönnt sich nach wie vor ein bisschen Luxus. Sie
braucht aber keinen Kaufrausch mehr, um sich glücklich zu fühlen.

Den Rest erledigt die Zeit. Die beiden verdienen immer besser, und so
ist es kein Problem mehr, das Bedürfnis nach Konsum mit dem Bedürf-
nis nach finanzieller Sicherheit zu verbinden.

Problem: **Streit ums Geld**
Ursache: **Armut, finanzieller Abstieg**
Lösung: **die Geldverletzungen des anderen verstehen**

❱ MINDERWERTIGKEITSGEFÜHLE

Gloria ist ein Mauerblümchen. Neben ihren strahlenden, hübschen
Freundinnen kann sie nicht bestehen. Wenn sie sich im Spiegel sieht,
gefällt ihr nicht, was sie erblickt. Sie kleidet sich so, wie sie sich fühlt –
grau und unförmig. Ihre Haare wäscht sie lustlos, aber bald hängen
sie wieder in langen Strähnen herunter, die nicht zu Glorias Gesicht
passen.

Schon in der Volksschule wurde sie als Letzte in die Völkerballmann-

schaft gewählt. Der Tanzkurs war ein Spießrutenlauf, denn alle Burschen machten um sie einen Bogen. Nach all diesen Erfahrungen mangelt es Gloria völlig an Selbstbewusstsein. Sie zieht den Kopf ein, verkrampft ihren Körper und traut sich kaum etwas zu sagen. Gloria ist dreiundzwanzig und es fehlt ihr noch jede Beziehungserfahrung. Wahrscheinlich wird dies auch so bleiben.

Schließlich reicht es Gloria. Sie sucht eine Verhaltenstherapeutin auf, als sie hört, dass man bei dieser seinen Selbstwert trainieren kann.

Das erste, was der Therapeutin auffällt, ist Glorias Name. Gloria bedeutet Ruhm und Ehre. Wäre das nicht ein gutes Programm für die Zukunft? Sehr witzig, denkt Gloria, aber sie macht doch die Übungen, die ihr die Psychologin aufträgt. Sie soll eine Liste schreiben mit Dingen, die sie gut kann und Eigenschaften, die sie an sich selbst in Ordnung findet. Sie soll Pluspunkte in ihrem Kalender notieren, wenn ihr etwas gut gelingt. Für 10 Pluspunkte soll sie sich selbst belohnen durch einen Besuch beim Friseur, einer Kosmetikerin oder einer Modeboutique.

Anfangs fühlt sich Gloria dabei ziemlich blöd. Aber die nette Psychologin lobt sie so sehr für jeden dieser Schritte, dass sie deren Anweisungen weiter folgt. Gloria lernt, sich selbst zu loben. Sie klopft sich jeden Tag selbst auf die Schulter und umarmt und streichelt sich selbst. Sie träumt, wie schön es wäre, wenn dies endlich jemand anderer täte. Aber es ist auch ein wohliges Gefühl, wenn man sich selbst etwas Gutes tut.

Mit der Zeit steigert die Psychologin die Anforderungen. Gloria soll nicht zu irgendeinem Friseur gehen, sondern zu einer Haarstylistin, die die richtige Frisur zu ihrem Gesichtstyp herausfindet. Auch eine Modestylistin muss sie aufsuchen, die dann Glorias Garderobe auf den Kopf stellt. Statt weiter Schlabberröcke soll sie nun kurze Kostüme tragen. Auch ein paar Ballettstunden wären nicht schlecht, damit sie ihre Körperhaltung verändert.

Glorias Äußeres ändert sich tatsächlich. Sie ist nun vom Mauerblümchen zu einer Frau mit Stil geworden. Am meisten wirkt sich aber das Selbstwerttraining aus. Jeden Tag redet sich Gloria ein, dass sie ein wertvoller und schöner Mensch ist. Mit der Zeit glaubt sie daran und gewinnt an Ausstrahlung.

Am Schluss findet die Psychologin noch die Ursache von Glorias Minderwertigkeitsgefühlen heraus. Sie war von ihrem Vater während ihrer

Kindheit niedergemacht worden, weil dieser von Frauen prinzipiell nichts hielt und lieber einen Sohn gehabt hätte. Das Minderwertigkeitsgefühl war also erlernt und konnte daher auch wieder verlernt werden. Gloria erhält den Auftrag, sich dem Vater mutig entgegenzustellen, wenn er wieder schlecht über sie reden würde. Wenn dieser mit seinem Sarkasmus nicht aufhöre, solle sie ihn einfach nicht mehr besuchen.

Mit der Zeit ändert sich nicht nur Glorias Äußeres, sondern auch ihr Lebensgefühl. Sie ist zu einer hübschen jungen Frau geworden. Das hässliche Entlein ist nunmehr ein schöner Schwan. Und das fühlt sich verdammt gut an. Während all dieser Zeit hat Gloria aufgehört, sich über ihre mangelnden Beziehungserfahrungen zu grämen und sich ganz auf sich selbst konzentriert. Ihre fruchtlosen, verkrampften Versuche, auf sich aufmerksam zu machen, hat sie eingestellt. Dadurch wirkt sie nur umso selbstbewusster. Als Jürgen auf sie aufmerksam wird und sie umwirbt, ist dies schlussendlich nur die Bestätigung, dass das Selbstwerttraining funktioniert hat.

Problem: **Minderwertigkeitsgefühle**
Ursache: **ständige Abwertung und sozialer Außenseiterstatus**
Lösung: **Selbstwerttraining**

〉SELBSTVERWIRKLICHUNG

Rosanna wächst in einem sehr traditionellen Elternhaus auf. Ihre Mutter steht zu Hause am Herd, der Vater zieht als Vertreter durch die Lande. Ein Hauptschulabschluss reicht für Rosanna völlig aus, denn sie sollte bald heiraten, so wie ihre Mutter.

Das tut sie dann auch. Als Rudolf um ihre Hand anhält, zögert sie nicht lange, denn ihr Rudi ist ein ganz passabler Kerl, ehrgeizig und zielstrebig. In den nächsten Jahren ist die Welt der jungen Familie ganz in Ordnung. Rosanna zieht die beiden Kinder groß und Rudi macht jede Menge Fortbildungskurse, durch die er in seiner Bank langsam ins mittlere Management aufsteigt. Als er beginnt, neben seiner Arbeit Jus zu studieren, ist dies nur konsequent. Rosannas El-

tern bewundern den fleißigen Schwiegersohn und raten ihrer Tochter, so solle dem Herrgott danken, dass er ihr einen so guten Mann geschickt hat.

Rosanna dankt dem Herrgott nicht. Im Gegenteil, sie wird immer unzufriedener. Sie sieht immer weniger ein, warum ihr Mann Karriere macht, die Selbstverwirklichung seiner Frau aber nicht einmal angedacht wird. Soll sie weiter zu Hause versauern und ehrfürchtig zu ihrem Göttergatten aufschauen?

Rosanna meldet sich zu einer Ausbildung als Kinesiologin an. Menschen zu helfen hat sie schon immer interessiert. Sie merkt bald, dass sie heilende Hände hat, und daraus will sie etwas machen. „Und wer soll dann auf die Kinder aufpassen?" Rudi goutiert den Plan seiner Frau überhaupt nicht. „Aber du bist ja auch jeden Abend auf der Uni. Gleiches Recht für alle." „Ja, schon, aber das ist etwas anderes. Frauen sind für die Kinder da. Willst du eine Rabenmutter werden?"

Rosanna gibt nicht auf und managt das Kinderbetreuungsproblem, sodass sie ihre Ausbildung machen kann. Aber der Hausfrieden hängt schief, denn Rudi fühlt sich damit überfordert, neben Karriere und Ausbildung auch noch seinen Teil an der Familienarbeit leisten zu sollen. Rudi erwirbt seinen Doktor der Jurispudenz, Rosanna wird Kinesiologin. Zu Hause herrscht dicke Luft.

Rosanna macht noch einen Reiki-Kurs und eine weitere Ausbildung zur Kraniosakral-Therapeutin. Die Arbeit mit ihren Klienten macht ihr immer größeren Spaß. Rudi bekommt die Leitung der Tochter-Bank in Tschechien übertragen und ist die ganze Woche weg. Rosanna holt die Kinder täglich von der Nachmittagsbetreuung ab und macht am Abend alleine den ganzen Haushalt. Am Wochenende streiten die beiden immer heftiger. Rosanna fühlt sich von Rudi im Stich gelassen. Rudi wirft seiner Frau vor, dass sie ja gar keine Frau mehr sei, sondern eine frustrierte Emanze, die sich nicht um ihren Mann kümmere. Rosanna empfiehlt Rudi, er könne gleich ganz in Tschechien bleiben und das tut er dann auch.

Rosanna hat nun sehr viel Arbeit mit den Kindern und den Klienten, aber sie genießt ihre Freiheit. Einer der Klienten verliebt sich in sie. Er bewundert Rosanna für ihre Fähigkeiten und ihre Tüchtigkeit. So gesehen zu werden, tut ihr nach all den Jahren als unterschätzte Ehefrau in der Seele gut.

Rosanna geht auf das Werben des Mannes ein, der dann nicht mehr Klient, sondern Partner ist. Rudi verliebt sich in Prag in seine Chefsekretärin. Die Scheidung verläuft einvernehmlich.

Problem:	**Konflikt von Selbstverwirklichung und Familienleben**
Ursache:	**Wandel der Geschlechterrollen**
Lösung:	**Zeitmanagement, gleiches Recht für alle**

❯ DAS MODELL DER ELTERN

Während ihrer ganzen Kindheit hatte Sigrid sich vorgenommen, es einmal nicht so wie ihre Eltern zu machen. Diese liebten sich offensichtlich nicht, passten nicht zusammen und machten sich gegenseitig das Leben zur Hölle. Sigrid litt unter diesen ständigen Streitigkeiten und wünschte sich nur, dass der Schrecken ein Ende hätte. Die Eltern ließen sich aber nicht scheiden, sondern hielten durch bis zum bitteren Ende, das in Form einer Krebserkrankung der Mutter kam. Sigrid macht den herzlosen Vater für den zu frühen Tod der Mutter verantwortlich und zieht bald von zu Hause aus.

Sigrid gemießt es, in ihrer eigenen Garconniere von Auseinandersetzungen ungestört zu leben. Sie geht zwar mit Männern aus, prüft aber sehr genau, auf wen sie sich einlässt. Lieber bleibt sie alleine, als in einer Ehehölle zu landen wie Mutter und Vater. Das Ehemodell ihrer Eltern lehnt sie dezidiert ab.

Nach vielen unverbindlichen Beziehungen, bei denen sie die Männer auf Abstand gehalten hat, lernt sie Sebastian kennen. Er gefällt ihr sofort und auch nach genauer Prüfung scheint er einfach der Richtige zu sein. Er ist ein „neuer Mann": gefühlvoll, aufmerksam, kompromissbereit, ganz anders als Sigrids Vater. Ja, mit so einem Partner kann sich Sigrid ein Leben zu zweit vorstellen, das anders verlaufen würde als die Ehe der Eltern.

Sigrid gibt ihre kleine Wohnung auf und zieht mit Sebastian zusammen. Die ersten gemeinsamen Monate verlaufen zu Sigrids Zufriedenheit. Alles wird in Ruhe ausdiskutiert und gemeinsam vereinbart. Es fällt kein böses Wort.

Sigrid fühlt sich so sicher, dass sie sich vorstellen kann, eine Familie zu gründen. Auch hier ist Sebastian gleich einverstanden und so wird Sigrid schwanger. Als sie Beate auf die Welt bringt, kommt es zu einigen medizinischen Komplikationen. Das Baby schreit viel und ist sehr anstrengend. Sigrid hat alle Hände voll zu tun.
Sebastian unterstützt sie wenig und zieht sich immer mehr von ihr zurück. Er reagiert zunehmend eifersüchtig auf das Kind und macht Sigrid eine Szene, dass es zwischen beiden nun nicht mehr so sei wie früher. Ihr Mann habe eben auch Bedürfnisse, aber Sigrid würde sich nur mehr für das Kind interessieren. Diesen Vorwurf findet Sigrid nun wirklich ungeheuerlich und beschwert sich, dass Sebastian offensichtlich egoistisch und als Vater unfähig sei. Dazwischen muss Sigrid die schreiende Beate beruhigen und das ärgert Sebastian erst recht. In den nächsten Monaten schaukelt sich der Konflikt zwischen Sigrid und Sebastian immer weiter hoch. Irgendwann fühlt sich Sigrid in ihre Kindheit zurückversetzt: Die Eltern streiten und das Kind weint.

Das Ehemodell der Eltern ist etwas sehr Mächtiges. Es frisst sich tief in die Seele ein und prägt unsere Wahrnehmung von Beziehungen. Wenn es den Eltern miteinander gut ging, dann folgen wir einfach ihrem Modell und haben gute Chancen, ebenfalls in der Liebe glücklich zu werden. Wenn es den Eltern miteinander schlecht ging, versuchen wir natürlich, es anders zu machen. Da wir aber vor dem negativen Modell Angst haben, ergeht es uns wie bei einer selbsterfüllenden Prophezeiung. Unbewusst suchen wir uns eine Situation aus, die zum Modell unserer Eltern passt. Wir müssen uns daher mit diesem Modell auseinander setzen und die Gründe herausfinden, die zu den Eheproblemen führten. Dann können wir das negative Modell so verändern, dass wir trotz aller schlechten Erfahrungen glücklich werden.

Wie ging dies bei Sigrid und Sebastian weiter? Schafften sie es, ihre Konflikte zu lösen?

Über seine Ehe frustriert, macht Sebastian ein Aufstellungsseminar. Der Aufstellungsleiter meint, dass der Schlüssel zu Sebastians Ärger in der Zeit nach seiner eigenen Geburt liegen müsse. Als diese Zeit aufgestellt wird, schreit der kleine Sebastian wie am Spieß, weil seine Mama nicht da ist. Der Säugling ist bei einer Pflegemutter, da die Mutter nach schweren Geburtskomplikationen einige Monate im Krankenhaus behandelt werden muss. Sebastian wird nun seine Eifersucht auf die kleine Beate verständlich. Diese hat die Nähe der Mama, die Sebastian so vermissen musste. Am Ende der Aufstellung liegt Sebastian in den Armen der Frau, die seine Mutter spielt, und holt die fehlende Nähe symbolisch nach.

Als er vom Seminar nach Hause kommt, erzählt er Sigrid seine Geschichte. Dann nimmt er Beate in die Arme und diese hört sofort auf zu schreien. Er erlebt nun bei seinem Kind die Nähe, die er bei seiner Mutter so vermisst hat.

Sigrid ist von dem friedlichen Bild von Vater und Tochter so gerührt, dass sie ihrem Mann alles verzeiht, was vorher schiefgegangen ist. Nun erlebt Sigrid wirklich ein neues Modell von Eltern, die sich vertragen und ihrem Kind ein friedliches Nest bieten.

Problem: **negatives Ehemodell der Eltern**
Ursache: **unbewusste Wiederholung dieses Modells**
Lösung: **bewusstes Durcharbeiten des Elternmodells**

❱ DAS GEPANZERTE HERZ

Theo hat alle Chancen bei den Frauen. Seine Freunde beneiden ihn deswegen. Wenn er abends ausgeht, kann er meist ein hübsches Mädchen „abschleppen" So hat er auch genügend sexuelle Abenteuer, die aber meist nicht lange dauern.

Obwohl er seinen Freunden als der perfekte Hengst erscheint, hat er doch ein Problem. Er kann sich nicht verlieben. Die Mädchen, mit denen er schläft, bedeuten ihm nichts. In seiner Brust regt sich rein gar nichts, selbst wenn zwischen seinen Beinen alles hochaktiv ist. Er leidet nicht an toter Hose, sondern an totem Herz.

Theo verbreitet natürlich jede Menge Liebeskummer bei den Frauen. Seine Beziehungen enden meist damit, dass die Freundinnen ihn als herzloses Monster bezeichnen. Er muss ihnen Recht geben. Aber was soll er machen, ihnen eine Show vorspielen? Da lässt er sich lieber zum

Teufel schicken. Damit kennt er sich wenigstens aus und das Spiel kann von neuem beginnen.

Claudia allerdings passt nicht in sein gewohntes Schema. Sie weint bittere Tränen, als er ihr den Laufpass gibt, aber sie verurteilt ihn nicht. Sie wiederholt nur, dass sie Theo trotz allem liebe und sich sicher sei, dass da ein großes Herz in seiner Brust schlage. Sie frage sich nur, warum er sein Herz so gut verstecken müsse.

Theo ist verwirrt. Etwas an Claudias Schmerz berührt ihn. Natürlich liebt er sie nicht, aber erstmals lässt ihn eine Frau nicht kalt. So lässt er zu, dass Claudia ihn weiter besucht, sie könnten ja Freunde bleiben. Er geht nicht mehr mit ihr ins Bett, denn die Beziehung ist ja aus. Aber sie reden miteinander und Claudia stellt immer neue beunruhigende Fragen.

Schließlich muss Theo zugeben, dass er sich doch einmal verliebt hatte. Mit 16 himmelte er Jutta an und machte ihr drei Jahre lang den Hof. Jutta spielte sich mit ihm, ging manchmal auf sein Werben ein und ließ in dann wieder im Regen stehen, indem sie einen seiner Freunde vorzog. Claudia ist der erste Mensch, dem Theo diese Geschichte erzählt. Jutta hatte ihn damals tief verletzt, immer und immer wieder. Und dennoch konnte er drei Jahre lang nicht aufhören, sie zu lieben, bis ihm der Schmerz zu groß wurde und er sich seine Liebe aus dem Herzen riss. Oder anders gesprochen, er steckte sein Herz in einen Panzer, an dem alles abprallte. Seitdem fühlt er es nicht mehr. In seinem Verhalten kopiert er Jutta. Nun spielt sich er mit den Frauen. Andere zu verletzen, ist wesentlich leichter auszuhalten, als selbst verletzt zu werden.

Claudia verurteilt ihn nicht. Sie ist nur traurig, dass Theos Herz so unter dem Panzer verschüttet ist, dass man es nicht mehr spüren kann.

„Darf ich versuchen, dein Herz zu heilen?" fragt Claudia vorsichtig.

„Versuch's lieber nicht, daran sind schon viele gescheitert."

Claudia legte behutsam ihre Hand auf Theos Brust und lässt sie dort sanft ruhen. Reflexartig will Theo sie wegstoßen, lässt dann diese sanfte Berührung doch zu. Wie immer spürt er zuerst gar nichts. Dann verkrampfen sich seine Brustmuskeln und werden zu einem harten Panzer, so hart, dass es fast wehtut.

Claudia lässt mit ihren Heilungsversuchen nicht locker. Bei jedem Treffen der beiden legt sie ihre Hand auf Theos Brustbein. Schließlich be-

ginnt sie, ihm dabei in die Augen zu sehen. Das gibt ihm einen Stich, als würde sein Panzer einen Sprung bekommen. „Erzähl mir noch mal von Jutta", beharrt sie mit freundlicher Stimme. Da laufen Tränen über Theos Wangen und er lässt sich von ihr tröstend in die Arme nehmen.

Seit diesem Tag sind Claudia und Theo ein Paar. Vielleicht, weil sie eine ähnliche Erfahrung gemacht haben: Abgewiesen werden und dennoch nicht aufhören können zu lieben. So verletzt zu werden, dass man sein Herz schützen muss. Seinen Panzer zu verstehen und zu akzeptieren. Zu erleben, dass Geduld und Sanftheit den Panzer aufbrechen können.

Verletzungen können heilen. Das Herz verschwindet nicht, wenn man es nicht spürt. Wenn man seinen Panzer nicht ablehnt, dann macht er auch wieder auf. Auch wenn das Herz nur von Zeit zu Zeit aufgeht, ist eine Beziehung lebbar.

Problem: *verpanzertes Herz*
Ursache: *eine tiefe Liebesverletzung*
Lösung: *den Panzer mit Geduld aufweichen*

〉 ALTE VERLETZUNGEN

Hubert verhält sich ähnlich wie Theo. Hinter einem wilden Macho-Gehabe versteckt er seine Unfähigkeit, Gefühle zu empfinden. Anders als Theo ist Hubert aber nie enttäuscht worden. Er hat sich wirklich noch nie verliebt. Er weiß gar nicht, wie Liebe sich anfühlt.
Aber wozu braucht man Liebe, wenn man viel Sex haben kann? Hubert wird ein Meister der Verführungskunst. Er weiß ganz genau, wie man Frauen rumkriegt. Seine schönen Worte sind zwar nur leeres Gerede ohne jedes Gefühl, aber die Frauen fallen nur zu gerne darauf rein. Die Enttäuschung nach dieser Abfuhr ist dann umso schlimmer, aber das ist nicht Huberts Problem.
Als Hanna sich in Hubert verliebt, schlägt sie die wohlmeinenden Warnungen ihrer Freundinnen in den Wind: „Weißt du denn nicht, was die-

ser Typ mit Frauen macht? Der quetscht dich aus wie eine Zitrone und lässt dich dann sehr schnell fallen wie eine heiße Kartoffel. Vergiss es!" Hanna will Hubert haben. Sie weiß nicht wie, aber sie wird ihn erobern, koste es, was es wolle. Also lässt sie sich von ihm verführen, was nicht weiter schwer ist. Dass er sie nachher in die Wüste schickt, trifft sie nicht, denn damit hat sie gerechnet. Einige Wochen später weiß Hanna, dass sie schwanger ist. Als sie Hubert damit konfrontiert, wird dieser ein Eisberg. „Du wirst es doch wegmachen lassen?" Nein, das wird sie nicht.

Zum ersten Mal in seinem Leben fühlt sich Hubert wie in einer Falle. Er will kein Kind, das ihn mit einer Frau verbindet. Aber er kann auch nichts dagegen tun, dass es nun diese Verbindung gibt. Als der kleine Rafael auf die Welt kommt, geht es Hubert gar nicht gut. Die Diskussionen über den Unterhalt und über seine Vaterpflichten ziehen ihn so richtig runter. Seine Kaltschnäuzigkeit ist dahin. Er fühlt sich depressiv.

Der Psychologe, den er daraufhin aufsucht, fragt ihn nach seiner Familiengeschichte. Es fällt auf, dass Rafael nicht das erste ledige Kind in der Familie ist. Es gibt jede Menge davon. Huberts Vater war eines und Hubert selbst auch. Die Eltern dieser ledigen Kinder waren über die Schwangerschaft jeweils nicht erfreut und trennten sich im Unfrieden. Wie er sich wohl gefühlt haben muss, als er auf die Welt kam und keiner ihn haben wollte, bohrt der Psychologe nach. „Was weiß denn ich!" brummt Hubert und stürmt aus dem Therapiezimmer. Seine Depression verschwindet aber nicht und so geht die Therapie weiter. Langsam erinnert sich Hubert an die Verzweiflung, die er als Kind spürte, weil die Mutter so abweisend und der Vater an ihm völlig desinteressiert war. Er spürt nun seine Gefühle, aber sie sind alle negativ und traurig.

Plötzlich versteht er, warum er sein Herz auf Eis gelegt hat. Besser man spürt nichts, als all dieses Schreckliche, das nicht auszuhalten ist. Aber jetzt ist es ohnehin schon egal. Die Gefühle sind nun einmal da und Hubert muss sie verarbeiten. Er macht zusätzlich zur Therapie ein Aufstellungsseminar, wo er die Geschichte seines Vaters aufstellt. Dabei kommt heraus, dass sein Vater abgetrieben werden sollte, den Abtreibungsversuch aber überlebte. Diese Geschichte ist so unerträglich, dass Hubert in Tränen ausbricht.

Langsam lernt Hubert, diese vielen Verletzungen der Vergangenheit auszuhalten. Er versteht, warum er dies alles verdrängen musste. Er begreift aber auch, dass man mit den negativen auch die positiven

Gefühle verdrängt. Solange Hubert den Schmerz nicht fühlte, spürte er auch keine Liebe.

All dies hat die Geburt des, kleinen Rafael ans Licht gebracht. Hubert beginnt sich für seinen Sohn zu interessieren und nimmt sein Besuchsrecht wahr. Notgedrungen trifft er auf Hanna, wenn er seinen Sohn abholt und zurückbringt. Ob zwischen den beiden noch etwas werden könnte? Das weiß Hubert selbst nicht. Aber immerhin muss er die Mutter seines Sohnes nicht mehr aus seinem Leben verbannen, um die Schmerzen seiner alten Verletzungen betäuben zu können.

Problem: **Gefühllosigkeit**
Ursache: **alte Verletzungen in mehreren Generationen**
Lösung: **Zulassen von Schmerz und Trauer**

❯ WIR KÖNNEN NICHT MITEINANDER REDEN

Martin und Karla sind Menschen, die gerne zupacken. Beide hassen Unerledigtes, wenn es etwas zu tun gibt, sind beide schnell bei der Sache. Als Lehrer haben sie ihre Schüler fest im Griff. Durch diese Ähnlichkeit in ihrem Wesen sind sie sich am Anfang ihrer Liebe schnell einig. Liebe ist etwas, was man mit beiden Händen ergreifen muss. Solange sie sich im Arm halten, ist ihre Welt in Ordnung.

Nach einigen Jahren verändert sich Karla. Sie beginnt ein Studium der Pädagogik und sieht nun vieles differenzierter. Sie entdeckt die Macht der Sprache und möchte sich Martin mitteilen. Sie möchte nicht mehr nur über zu erledigende Alltagsgeschäfte reden, sondern auch über die Feinheiten ihres Gefühlslebens.

Martin macht da nicht mit. Seine Welt ist immer noch einfach und klar. Dieses „Gesudere" der Frauen hat er noch nie gemocht. Wozu endlos herumdiskutieren, wenn man in der gleichen Zeit die Probleme längst lösen könnte? Karla geht ihm langsam auf die Nerven, seit sie einen auf Gefühlsduselei macht.

Karla versucht immer wieder, auch von Martin einzufordern, dass er sich entwickelt und über sein Innenleben spricht. Aber da beißt sie auf Granit:

Karla: „Jetzt sag mir endlich, was du denkst."
Martin: „Was soll ich schon denken?"
K: „Aber es kann dir doch nicht gleichgültig sein, wie es mir geht."
M: „Was soll mir gleichgültig sein?"
K: „Na das, was ich dir eben zu erklären versuche."
M: ?????????????????
K: „So geht es nicht weiter, wir müssen endlich unser Gefühlsleben
    klären."
M: „Wenn dir das nicht klar ist, kann ich dir auch nicht helfen."
K: „Du bist ein eiskalter, herzloser Mensch."
M: „Danke für die tiefgründige Analyse meiner Persönlichkeit."

Je mehr Kommunikation Karla einfordert, desto mehr reden die beiden aneinander vorbei. Martin wird immer abweisender, je mehr er
sich von Karla bedrängt fühlt. Karla zweifelt immer stärker an Martins
Gefühlen, je länger sich dieser weigert, darüber zu reden.
Nach einiger Zeit bezweifelt Karla, dass Martin überhaupt irgendwel-
che Gefühle hat. Martin ist gekränkt, dass seine Warmherzigkeit und
Liebesfähigkeit in Frage gestellt werden. Warum müssen die Frauen
immer alles so kompliziert machen? Karla muss doch spüren, dass er
sie liebt. Wenn sie alles in Frage stellt, dann hat vielleicht sie kein Ge-
spür mehr für ihn.
Mit der Zeit wird die Stimmung zwischen den beiden so gereizt, dass
selbst der einfachste Satz Missverständnisse und Aggressionen auslöst:
M: „Kannst du mir mal den Zucker rübergeben?"
K: „ Du verdammter Macho, immer soll ich dich bedienen!"
M: „Ich wollte doch nur den Zucker haben."
K: „Wenn du glaubst, dass ich dir weiter das Leben versüße, dann
    kannst du mich mal."
Martin schließt messerscharf, dass alles, was über seine Lippen kommt,
gegen ihn verwendet werden kann. Also sagt er gar nichts mehr. Bes-
tenfalls brummt er noch zustimmend oder abweisend, um Karla eine
grobe Orientierung im Kommunikationsdschungel zu geben.
Karla reicht die Scheidung ein. Martin ist froh, dass er dieses biestige
Weib endlich los ist. Beide können sich nicht mehr erklären, wie sie sich
je hatten ineinander verlieben können.

Martin und Karla sind Opfer der Kommunikationsschwierigkeiten zwischen Mann und Frau. Glaubt man den Verhaltensforschern, dann haben die beiden Geschlechter im Laufe der Evolution verschiedene Sprachen entwickelt. Sie verwenden zwar dieselben Worte, meinen damit aber etwas anderes. „Kannst du mir mal den Zucker geben?" ist für einen Mann ein Mittel, möglichst schnell zu Zucker zu kommen. Für eine Frau steht Zucker symbolisch für die Süße und Harmonie in der Beziehung. Wenn die Stimme des Mannes diese zum Wort „Zucker" passende Symbolik nicht ausdrückt, dann empfindet die Frau den einfachen Satz des Mannes vielleicht als herzlos und provokant. Der Mann wiederum fühlt sich dann von der Frau verarscht und ungerecht angegriffen. Er geht in Verteidigungsposition. Die abweisende Haltung des Mannes bringt die Frau erst recht in Rage und so gehen die Missverständnisse weiter.

Früher scheiterten die Beziehungen zwischen Völkern an ähnlichen Sprachproblemen und dies führte in der Regel zu Krieg. Deshalb wurde das einfache Mittel der Sprachkurse entwickelt. Wenn ich die Sprache des anderen lerne, kann ich ihn auch verstehen. Seit viele Franzosen Deutsch und viele Deutsche Französisch können, sind die beiden Völker ein Herz und eine Seele.

Generationen von Paaren haben versucht sich wortlos zu verstehen, aber das funktioniert ungefähr so gut, wie wenn man ohne jede Englischkenntnis nach London übersiedelt. Paare mit Kommunikationsschwierigkeiten müssen also die Sprache ihres Gegenübers erlernen. Marsianisch, die Sprache der Männer, und Venusianisch, die Sprache der Frauen, zu erlernen ist im Grunde ganz einfach, denn die verwendeten Begriffe kennen wir ja schon. Wir müssen nur üben, folgende Formel anzuwenden:

Marsianisch: Begriff + Zweckmäßigkeit = Zielerreichung
Venusianisch: Begriff + Gefühl = Befindlichkeit

Wenn der Mann die Äußerungen seiner Frau auf Venusianisch interpretiert, wird er schnell als verständnisvoller Mann angesehen. Wenn eine Frau die Äußerungen ihres Mannes auf Marsianisch auffasst, wird sie schnell als erstklassige Ehefrau gelten. Wenn Paare sich außerdem noch darüber verständigen können, ob eine Diskussion gerade Marsianisch oder Venusianisch gemeint ist, gehören Kommunikationsprobleme der Vergangenheit an:

„Ich möchte etwas mit dir besprechen."
„Ist das ein Mars- oder ein Venusgespräch?
„Venus!"
„Okay, was fühlst du?"

„Ist das ein Mars- oder ein Venusgespräch?"
„Mars!"
„Okay, was müssen wir als nächstes erledigen?"

Problem: **Kommunikationsschwierigkeit**
Ursache: **verschiedene Sprachen von Mann und Frau**
Lösung: **Erlernen der Fremdsprachen Marsianisch und Venusianisch**

❯ KRANKHEIT ALS FLUCHT

Iras und Roberts Beziehung hat vor Jahren ganz verheißungsvoll begonnen. Ira spürte Roberts Körper so gerne und die beiden verstanden sich ohne Worte. Je öfters aber Probleme in der Beziehung zu lösen waren, desto mehr traten bei Ira körperliche Schmerzen und Krankheiten auf. Wenn gerade in der Partnerschaft dicke Luft herrscht, bekommt Ira Kopfschmerzen. Wenn Ira sich von Robert bedrängt fühlt, reagiert sie mit Schnupfen und Husten. Wenn Robert sie alleine lässt, bekommt sie Durchfall.
Robert gehen Iras ständige Krankheiten auf die Nerven. Er hat aber als Kind gelernt, dass man Kranke mit Samthandschuhen anfassen muss, und schluckt seinen Ärger hinunter. Die feinfühlige Ira spürt Roberts Ablehnung und reagiert darauf mit neuen körperlichen Beschwerden. Schließlich hat Robert überhaupt keine Lust mehr, sich mit Ira zu beschäftigen und zieht aus der gemeinsamen Wohnung aus.

Ira wird ernsthaft krank und landet auf der internen Station der Universitätsklinik. Sie leidet an Morbus Crohn, einer schweren Entzündung des Dickdarms. Nachdem sie medizinisch versorgt wurde, überweist sie der Arzt zur psychosomatischen Ambulanz, wo eine Psychotherapie begonnen wird. Bei den folgenden Gesprächen stellt sich heraus, dass Ira sich seit ihrer Kindheit in Krankheiten flüchtet, wenn sie sich von ihren Bezugspersonen im Stich gelassen fühlt. Und Ira wurde sehr oft alleine gelassen, da beide Eltern viel arbeiteten und das einzige Kind als Betriebsunfall werteten, mit dem sie nichts anzufangen wussten. Nur wenn sie krank war, nahm sich die Mutter Zeit, sie zu pflegen. Denn dann bekam sie es mit der Angst zu tun, sie könnte ihre vernachlässigte Tochter verlieren und an ihrem Tod schuld sein. Wenn Ira gar im Spital war, kamen beide Eltern täglich zu Besuch und bezahlten auch die teure Sonderklassestation, auf der Ira von den Krankenschwestern geherzt und verwöhnt wurde. Ira lernte daher schnell, dass es nur dann Zuwendung gab, wenn man krank war. Wann immer sie zu wenig Zuwendung erhielt, musste sie daher krank werden.

Die Krankheit schützte sie auch vor Vorwürfen, Schuldgefühlen und Aggressionen, denn zu Kranken muss man immer nett sein. Iras Flucht in die Krankheit funktionierte bald perfekt. Mit ihren Krankheiten konnte sie auch ihren Partner unter Druck setzen und bekam meist das, was sie wollte. Das Problem war nur, dass sie tatsächlich immer kränker und ihre gesunden Zeiten immer seltener wurden.

In der Psychotherapie lernt Ira, diese Zusammenhänge zu verstehen. Sie erkennt schnell, dass es viel schöner ist, gesund zu sein und seine Probleme selbst lösen zu können, anstatt hilflos auf die Aktivität anderer angewiesen zu sein. Sie übernimmt die Verantwortung für ihre Gesundheit und für ihr Leben.

Auf Einladung des Therapeuten kommt Robert mit in die Psychotherapie. Nachdem er seit einiger Zeit Abstand von Ira hatte und vor allem nicht mehr ihr Krankenpfleger zu sein brauchte, sehnt er sich doch zurück in die schönen gemeinsamen Zeiten. Er erklärt, dass er sich über Iras Flucht in die Krankheit schon lange geärgert habe. Da platzt es aus Ira heraus: Sie habe sich schon seit Jahren von Robert im Stich gelassen gefühlt.

Langsam lernen die beiden, ihre Gefühle zu äußern. Parallel dazu wird Ira immer gesünder, da sie nicht mehr ihren Körper als Sprachrohr missbrauchen muss.

Problem:	**Flucht in die Krankheit**
Ursache:	**Vernachlässigung in der Kindheit**
Lösung:	**über Gefühle reden**

❯ DER PARTNER ALS SÜNDENBOCK

Katharina und Klaus hatten beide eine schwierige Kindheit. Katharinas tyrannischer Vater schlug seine Kinder regelmäßig aus nichtigem Anlass. Außerdem mochte er Frauen prinzipiell nicht, da seine eigene Mutter ihn vernachlässigt und abgelehnt hatte. Seine Wut über seine Mutter ließ er an seiner Tochter aus.

Klaus wiederum war von seiner Mutter schlecht behandelt worden. Nie konnte er ihr etwas recht machen, ständig kritisierte sie an ihm herum und behandelte ihn wie ein schwarzes Schaf. Die Mutter war von all ihren Männern schlecht behandelt worden und war im Grunde unglücklich darüber, dass sie nun einen Mann großziehen sollte. Wenigstens konnte dieser als Sündenbock für Mutters Zorn auf die Männer herhalten.

Verständlich, dass Katharina und Klaus ihre Elternhäuser möglichst schnell verließen. Verständlich auch, dass sie hofften, von ihren Partnern all das zu bekommen, was in der Kindheit nicht zu haben war. Verständlich auch, dass in ihren ersten Beziehungen ihre schlimmsten Befürchtungen wahr wurden. Bei ihren ersten Lieben hatten Katharina und Klaus schnell den Eindruck, dass ihre Partner sich genauso gemein verhielten, wie es die Eltern getan hatten.

Als Katharina und Klaus sich kennen lernen, sind sie zwei gebrannte Kinder, misstrauisch und vorsichtig. Sie fühlen sich aber miteinander wohl, weil ihre Schicksale so ähnlich sind. Jeder versteht sofort, wie sich die Misshandlung des Partners durch die Eltern angefühlt haben musste. Sie können einander gut trösten und so schöpfen sie doch Hoffnung, dass ihre Beziehung gut gehen könnte.

Es kommt aber, wie es kommen musste. In der Phase der Macht-

kämpfe, in der die beiden versuchen, ihren Alltag zu regeln, schlittern Katharina und Klaus in ihre alten Gefühle von Misshandlung und Ablehnung. Wann immer Klaus nicht sofort auf Katharina eingeht, wird er zum Täter, der Katharina misshandelt. Wenn Katharina dann Klaus mit Vorwürfen überhäuft, fühlt er sich wieder wie das schwarze Schaf, das es seiner Partnerin nie recht machen kann. Seine Freundin ist mit ihm so unzufrieden, wie es früher seine Mutter gewesen war. Das kann er nun wirklich nicht mehr haben und so wehrt er sich gegen die ungerechtfertigten Vorwürfe. Womit sich für Katharina bestätigt, dass Klaus ein aggressiver Mann ist, so wie alle anderen Männer auch.

In ihrem Unglück suchen Katharina und Klaus eine Partnertherapeutin auf. Diese erklärt ihnen, dass sie noch jahrelang ihr Sündenbock-Spiel weiterspielen könnten oder aufhören müssten, den anderen für etwas verantwortlich zu machen, wofür er nicht verantwortlich ist.

Am Anfang verstehen die beiden gar nichts von dem Psychologenkauderwelsch, kommen aber doch zu den vereinbarten Terminen. Immer wieder erklärt die Therapeutin, dass beide aus Familien stammen, in denen die Kinder als Sündenböcke für die Handlungen der Erwachsenen benutzt wurden. Dass sie daher für keine der Handlungen verantwortlich waren, für die man sie bestraft hat. Dass sie aber gelernt hatten, die Schuld an andere weiterzugeben, so wie ihre Eltern es getan hatten. Dass sie daher den Partner zum Sündenbock für das eigene Unglück machen und sich andererseits vom Partner ungerecht beschuldigt fühlen.

Langsam verstehen Klaus und Katharina. Der Partner ist nicht der Täter. Die Schuld liegt bei den Eltern der Kindheit bzw. bei deren schlechten Erfahrungen mit dem anderen Geschlecht. Wie sollen sie aber nun miteinander umgehen, wenn es in der Beziehung nicht mehr um Schuld geht?

Die Tipps der Therapeutin waren im Grunde ganz einfach: „Übernehmen Sie die Verantwortung für Ihr eigenes Leben. Sie sind keine Kinder mehr und niemand kann Sie mehr zu etwas zwingen. Tun Sie das, was Sie tun wollen und äußern Sie Ihre Wünsche. Sagen Sie Nein, wenn Ihnen etwas nicht passt. Wenn etwas schiefgeht, übernehmen Sie die Verantwortung für den Fehler und versuchen Sie, es besser zu machen. Jeder ist Herr im eigenen Haus. Sie sind nicht von-

einander abhängig, sondern frei, Ihre Partnerschaft miteinander zu gestalten."

Klingt ganz einfach. Es braucht aber noch viel Übung, bis Klaus und Katharina dieses neue Lebensgefühl verinnerlichen und aufhören, sich als Sündenböcke zu missbrauchen. Dann wird ihr Leben aber doch sehr viel schöner als ihre Kindheit gewesen ist.

Problem: Der Partner ist an allem schuld
Ursache: Misshandlung in der Kindheit
Lösung: die Verantwortung für das eigeneLeben übernehmen

❯ DIE KARRIERE IST IHM WICHTIGER

Welcher Mann kennt nicht das Klagelied seiner Frau, dass er nur seine Arbeit im Kopf habe, in der Familie nie präsent sei, seine Kinder nur mehr von den Fotos kenne und überhaupt vor lauter Karrieregeilheit ständig darauf vergesse, dass zuhause eine Frau auf ihn wartet? Männer reagieren auf diese Vorwürfe oft unwirsch. Die Überstunden seien eben notwendig, wenn man seinem Chef eine Abfuhr erteile, sei man seine Arbeit in Zeiten wie diesen schnell los und das verdiente Geld würde die Frau ja doch gerne ausgeben. Eine Beziehung, die einem die Karriere verbaue, könne schließlich auch nicht das Wahre sein. So wogen die Vorwürfe oft jahrelang hin und her. Der Mann orientiert sich an den Anforderungen seines Jobs und die Frau fordert ständig mehr Zeit für die Partnerschaft und die Kinder.

Seit auch Frauen Karriere machen, gibt es auch das umgekehrte Problem. Jetzt haben auch manche Männer das Gefühl, dass sie nur das fünfte Rad in der durch Leistung geprägten Welt ihrer Frau sind.

Von Zeit zu Zeit haben wohl alle Paare den Eindruck, dass die Partnerschaft unter den Zwängen des Geldverdienens zu kurz kommt. Vorübergehende Überstunden oder zeitintensive Projekte werden aber die Partnerschaft nicht gefährden, wenn danach wieder ruhigere Zeiten einkehren, die man mit seiner Partnerin verbringen kann.

Es gibt aber Fälle von Arbeits- und Karrieresucht, die einer Partnerschaft tatsächlich nicht gut tun. Wissenschaftler, die mit ihrer Forschung verheiratet sind, Geschäftsleute, die ihre Firma nur mehr zum Schlafen verlassen und Arbeitswütige, die sich ihre spärliche Freizeit mit Nebenjobs zupflastern, lassen die Klagen ihrer Partner berechtigt erscheinen. Es darf dann nicht verwundern, wenn der Partner früher oder später das Weite sucht und jemand anderen findet, mit denen man seine Sehnsüchte auch leben kann.

Manchmal eskaliert die mühsam stabilisierte Situation, wenn der Partner das Super-Jobangebot bekommt, von dem er ein Leben lang geträumt hat. Man müsste nur zwei Jahre nach Südafrika gehen, um dort die Auslandsniederlassung der Firma zu leiten, danach hätte man den Vorstandsposten so gut wie in der Tasche. Was tun, wenn die Frau aber keinen Bock darauf hat, alle Zelte abzubrechen, das Kind gerade krank ist und die Karriere der Frau den Verbleib in Österreich verlangt, weil sie hier gerade Universitätsdozentin geworden ist? Dann entsteht ein fast unlösbarer Konflikt: Ich muss entweder meine große Karrierechance aufgeben oder meine Partnerschaft – beides ist gleich unzumutbar. Partner, die ehrlich miteinander diskutieren, werden auch für solche Probleme Lösungen finden. Der Auslandsaufenthalt kann durch Urlaube überbrückt werden, die Belastung der Partnerschaft kann zeitlich begrenzt werden. Nach einer Zeit der Trennung sucht man sich eine Zeit größerer Verbundenheit.

Im Fall von Arbeitssüchtigen ist das Paar aber ständig in einer Krisensituation, die dadurch gekennzeichnet ist, dass die Partnerschaft im Übergewicht der Arbeit untergeht. Meist wird die Arbeit aber nur vorgeschoben, um der emotionalen Begegnung mit dem Partner aus dem Weg zu gehen. Wann immer die Diskussion mit der Frau gerade schwierig ist, flüchtet der Mann in die Arbeit. Wenn die Vorwürfe und Wünsche der Partnerin einem Angst machen, erscheint der Schreibtisch im Büro als wesentlich sichererer Ort als die eheliche Wohnung. Vor allem dann, wenn man von der Sekretärin angehimmelt und nie kritisiert wird, denn im Büro ist man ja der große, anerkannte Chef.

Bei Arbeitssüchtigen handelt es sich um Menschen, die ihren Selbstwert aus sachlichen Vorgängen beziehen, im Gefühlsbereich aber eher unsicher sind. Sie fühlen sich zu schwach, um einer emotional starken Partnerin auf gleicher Ebene zu begegnen und benötigen die Arbeitsrituale als Burgmauer, hinter der sie sich verschanzen. Sie kennen nur Anerkennung durch Leistung, haben nie bedingungslose Liebe kennengelernt. Je mehr die Partnerin also Bedingungen stellt, die für die Aufrechterhaltung der Beziehung nötig sind, desto mehr reagiert der Partner mit Arbeitssucht. Wie jede Sucht wird auch die Arbeitssucht immer extremer, bis am Ende der Zusammenbruch der Partnerschaft steht.

Arbeitswütige müssen sich mit den Verletzungen ihres Selbstwertgefühls auseinander setzen. Oft waren es abgelehnte Kinder, die nur bei ausgezeichneten Leistungen akzeptiert wurden. Deshalb fühlen sie sich ohne erbrachte Leistung bedroht und abgelehnt. Am Ende, wenn die Partnerin die Scheidung einreicht, ernten sie die Ablehnung, die sie von Anfang an fürchten.

Wenn eine Partnerin es schafft, dem Arbeitssüchtigen ihre bedingungslose Liebe so lange zu zeigen, bis dieser es endlich glaubt, dann kann dieser Teufelskreis durchbrochen werden. Dafür muss sie aber einige unverzeihliche Fehler des Partners vergeben. Dass er wieder mal den Hochzeitstag vergessen hat, dass er nicht einmal anruft, wenn er spät nach Hause kommt. Oft ist dies nur ein unbewusster Test des abgelehnten Kindes: Wird sie mich verstoßen, wenn ich die Leistungserwartung der Partnerschaft nicht erfülle? Wenn dieser Test oft genug so beantwortet wird, dass schließlich die bedingungslose Liebe geglaubt wird, dann wird die Arbeitssucht überflüssig. Manchmal bricht die Arbeitssucht auch durch eine körperliche Krankheit in sich zusammen und der Betroffene entdeckt bei einem Rehabilitationsaufenthalt selbst neue Prioritäten seines Lebens.

Problem: **Arbeitssucht**
Ursache: **emotionale Unsicherheit**
Lösung: **bedingungslose Liebe**

❭ ER IST SO ANDERS ALS ICH

Zwischen Romana und Xaver herrscht bereits beim ersten Treffen eine magische Anziehungskraft. Romana hat sich immer schon einen Mann gewünscht, zu dem sie aufschauen kann: groß, blond, optimistisch und tatkräftig. Und genau so ist Xaver eben. Auch Xaver ist von Romana angetan: zierlich, sanft, weiblich – so sollte seine Traumfrau sein. Die ersten Wochen verfliegen wie im Rausch. Xaver und Romana sind einfach glücklich. Also zieht Romana bald bei Xaver ein.

Mit der Zeit zeigen sich einige Angelegenheiten, bei denen sich die Ansichten der beiden spießen. Es sind zwar nur Kleinigkeiten, über die die beiden anfangs hinwegsehen. Mit der Zeit werden sie aber doch lästig.

Xaver hält sein Haus penibel in Ordnung. Er liebt klare, strenge Linien und hasst all das überflüssige Zeug, mit dem Romana gerne die gemeinsamen Räume füllen würde. Romana liebt das Leben leger und großzügig. Sie würde sich nie über eine Freundin beschweren, die erst eine halbe Stunde nach der vereinbarten Zeit auftaucht. Xaver jedoch kann bitterböse schauen, wenn Romana 10 Minuten zu spät kommt. 10 Minuten! Das ist doch gar nicht der Rede wert.

Romana verteilt gerne ihre Zuwendung an jeden, der sie haben will – großzügig und ohne Bedingungen. Xavers Zuwendung muss sie sich bald durch Wohlverhalten erkaufen – denn seine Welt besteht aus Leistung, Preis und Wert. Es gibt nichts umsonst.

Romana lädt gern Leute ein, ihr Haus steht jederzeit für alle offen, die auf ein Gespräch vorbeikommen wollen. Da ihr Haus nun aber Xavers Haus ist, hat sie ein Problem. Denn Xaver hat gerne seine Ruhe und eine Einladung muss zwei Wochen im Vorhinein abgesprochen werden.

Romana fährt gerne ans Meer in ein schönes Hotel mit vielen Leuten, die man kennenlernen kann. Xaver ringt ihr Urlaube in den Bergen ab – einsam auf einer Alm, dafür mit viel Muskelkraft und Schweiß beim Wandern.

Romana wird unglücklich – hat sie sich doch in den falschen Mann verliebt? Warum zieht sie gerade ein Mann an, der so ganz anders ist als sie selbst?

Da ihre Liebe aber nicht verschwunden ist, versucht sie schließlich mit viel List und Überredungskunst Xaver zu ändern. Ein mühsames Unterfangen. Romana zuliebe macht er zwar den Urlaub am Meer mit, jammert dort aber die ganze Zeit über den flachen Strand, wo weit und breit keine Berge in Sicht sind. Er versucht auch, Romanas Unordentlichkeit zu tolerieren, nur um von Zeit zu Zeit in einem Anfall von Putzwut das ganze Haus zu säubern und aufzuräumen. Er beißt sich auf die Lippen, wenn Romana zu spät kommt, aber sein Blick spricht Bände. Dann wieder hält er ihr stundenlange Vorträge über Ordnung und Zuverlässigkeit, in der Hoffnung, dass sie ihr Unrecht einsehen würde. Romana bekommt zwar ein schlechtes Gewissen, will aber ihren spontanen Lebensstil keineswegs aufgeben.

Momentan leben Romana und Xaver wieder in verschiedenen Wohnungen. Sie treffen sich zwar, vermeiden aber, über ihre unterschiedlichen Charaktere zu diskutieren.

Es ist gar nicht selten, dass Mann und Frau so unterschiedlich sind wie Tag und Nacht. Gegensätze ziehen sich an, und Mann und Frau sind schon rein biologisch ein Gegensatz. Wenn wir alles gleich haben wollten, dann würden wir uns für einen Klon unseres Selbst entscheiden, aber 90 % der Menschen finden doch den Gegensatz reizvoller. Die Unterschiede von Paaren werden dann ein Problem, wenn wir in unserem Kopf eine fixe Vorstellung von Ähnlichkeit und Harmonie haben. Viele Menschen quält die Sehnsucht nach einem Seelenpartner, der der eigenen Seele gleicht wie die verlorene Hälfte eines identischen Ganzen. Diese Vorstellung ist zwar verführerisch, entspricht aber höchst selten der Realität. Denn dieses Gefühl stammt aus dem Erleben von Säugling und Mutter und wenn es auf die Partnerschaft von Erwachsenen übertragen wird, dann gute Nacht, du reife Liebe.

In einer Beziehung zwischen Erwachsenen braucht es die Herausforderung durch Unterschiede. Wäre es nicht langweilig, wenn wir uns sofort in allem einig wären? Wir müssen allerdings lernen, den anderen so sein zu lassen, wie er ist. Wir müssen unsere Wertungen von gut und böse hinterfragen. Romana und Xaver müssen lernen, dass sowohl Spontaneität als auch Ordnung etwas Wertvolles sind und sich sogar perfekt ergänzen. Dann hat ihre Liebe eine Chance.

Mein Vater war ein „Flachlandmatrose" aus Ostdeutschland, der gern die Welt bereiste, meine Mutter eine Berghexe aus den Alpen, der Klettern und Skifahren über alles ging. Bei den ersten Urlaubsplanungen waren sie sich also absolut uneinig. Mit der Zeit lernten sie aber voneinander. Schließlich fanden sie zu einem fixen Ritual: Im Winter ein Skiurlaub in den Bergen, im Sommer eine Reise in ein unbekanntes Land. Beide waren zufrieden.

Problem: *große Charakterunterschiede*
Ursache: *Gene und Kindheitsprägungen*
Lösung: *Toleranz, vom anderen lernen*

❭ DIE GROSSE KRISE

Ernst und Christina sind seit 10 Jahren verheiratet. Ihre zwei Kinder sind aus den Windeln raus, ein Reihenhaus haben sie schon gekauft. Ernst ist gerade befördert worden und Christina hat wieder begonnen, halbtags zu arbeiten. Alles läuft bestens.
Aber anscheinend ist Ernst die Beförderung zu Kopf gestiegen. Er fängt sich etwas mit Maria, der Nachbarin, an. Als dies auffliegt, herrscht natürlich zwischen Ernst und Christina, Maria und Norbert mehr als dicke Luft. Nur mühsam können einige Freunde Norbert davon abhalten, Ernst auf offener Straße zusammenzuschlagen. Die Auseinandersetzungen mit Christina und Norbert bringen Ernst schließlich zur Vernunft und er beendet seine Affäre.
Damit fangen die Probleme aber erst richtig an. Christina ist weiter unversöhnlich und auch Ernst ist noch voller Bitterkeit. Auf die Frage, warum er denn fremdgegangen sei, klagt Ernst, in der Beziehung sei ja schon lange nichts mehr los. Ihre ewigen Nörgeleien gingen ihm auf die Nerven, das Reihenhaus sei ein von Christina dirigierter Käfig. Und im Bett, na ja, das wisse sie eh selbst.
Christina schäumt vor Wut. Da geht der Kerl ohne Grund fremd und jetzt glaubt er noch Vorwürfe machen zu können! Was bildet der sich eigentlich ein? Sie zeigt ihrem Mann die kalte Schulter und wochenlang reden die beiden gar nichts miteinander.

Die Kinder leiden unter den Spannungen zwischen den Eltern. Sabine, die fünfjährige Tochter, beginnt wieder einzunässen. Der Kinderpsychologe erklärt den Partnerkonflikt der Eltern als Ursache des Bettnässens. „Da siehst du, wohin du uns gebracht hast!" faucht Christina ihren Mann an. „Jetzt ruinierst du mir mit deinem Sexualtrieb auch noch die Kinder." „Ich habe wenigstens noch einen Trieb, im Gegensatz zu dir", schnauzt Ernst zurück und damit ist die Unterhaltung der Nachbarschaft für Wochen gesichert.

Zwei Jahre lang steigern sich die beiden immer weiter in einen Kleinkrieg hinein. Am Ende wissen sie schon gar nicht mehr, worum es eigentlich geht. Sabine aber landet wegen einer Reihe von Krankheiten im Kinderspital. Der Stationsarzt zitiert beide Eltern zu sich und teilt ihnen mit, dass Sabines Befinden ernst sei, es aber keine organische Ursache gebe und er ihnen dringend zu einer Familientherapie rate.

So sitzen Ernst, Christina und Sabine bald beim Psychologen, der zunächst auf Sabines Ängste eingeht, dass die Eltern sich scheiden lassen würden. Dr. Müller verspricht Sabine, dass er sich darum kümmern werde, dass dies nicht geschehe und bestellt zum nächsten Gespräch Ernst und Christina alleine. Er lässt jeden der beiden lange reden und klagen, was ihnen in der Beziehung fehle, was der andere einem verweigere, was sie alles für Wünsche an die Beziehung gehabt hätten, wie sehr sie enttäuscht wären. Schließlich nickt er bedächtig mit dem Kopf und spricht: „Nun, nachdem Sie beide Ihre Wünsche so klar geäußert haben, wie wäre es, wenn Sie sich diese Wünsche auch erfüllen würden?" „Das wär' ja noch schöner", antwortet Ernst. Christina sagt gar nichts und heult still vor sich hin. „Ja, das wäre wohl schöner als unser sinnloser Krieg", bricht es schließlich aus ihr heraus.

In den nächsten Wochen beginnt ein mühsamer Weg der Beziehungsklärung. Punkt für Punkt analysiert Dr. Müller die vielen Themen, die in der Partnerschaft bisher ungelöst geblieben sind. Langsam lernen Ernst und Christina, sich in ihren Partner einzufühlen und dessen Bedürfnisse ernst zu nehmen. Sie beginnen auch, sich selbst zu verstehen, warum bestimmte Gefühle so heikel sind, weil man als Kind verletzt worden ist. Langsam gehen sie wieder aufeinander zu mit einem tieferen Verständnis dafür, was eine Beziehung eigentlich braucht.

Die Krise von Ernst und Christina ist etwas sehr Typisches. Fast jedes Paar macht eine solche Krise durch. Bei vielen kommt sie im verflixten siebten Jahr, bei manchen früher, bei anderen später.

Wenn Sie mitten in der Krise stecken, akzeptieren Sie diese einfach. Die Krise ist ein notwendiger Entwicklungsschritt für Ihre Ehe. Die Krise spült alles hoch, was in Ihrer Ehe bis dato unerledigt geblieben ist. Selbst die perfektesten Menschen können nicht alles auf einmal erledigen. Und so bleibt bei der Familiengründung und beim Aufbau der Karriere meist vieles liegen. Vornehmlich jene Punkte, mit denen man schon ein Leben lang schlecht zurecht gekommen ist, weil sie einem nie richtig beigebracht worden sind. Und schließlich, wer redet schon gerne über seine Schwächen? Um die mogelt man sich lieber herum. In der Krise ist dies meist nicht mehr möglich.

Wenn man sich in der Krise mit seinen eigenen Schwächen und den Schwächen des Partners und mit den Mankos seiner Beziehung auseinander setzt, dann gewinnt diese an Breite und Tiefe. Erst nach der Krise entsteht eine reife und gefestigte Beziehung, auf die man sich wirklich verlassen kann.

Problem:	*Die große Krise*
Ursache:	*ungelöste Beziehungsprobleme*
Lösung:	*ehrliche Auseinandersetzung mit den Problemen*

❱ SCHEIDUNG

Gehören Sie zu den 50 Prozent der Paare, die ihre Scheidung schon hinter sich haben oder zu jenen 50 Prozent, die sie noch vor sich haben? So müsste die Quizfrage lauten, die den Zustand unserer aktuellen Familiengesellschaft treffend beschreibt. Wir scheinen in einer Zeit der Scheidungen zu leben. Unsere Kinder scheinen vornehmlich Scheidungskinder zu sein. Heutige Märchen erzählen nicht, wie man seinen Traumprinzen findet, sondern wie man seine Scheidung mit möglichst wenigen Blessuren überlebt.

Warum erscheint den meisten Paaren heute bei Beziehungskrisen die Scheidung als einziger Ausweg? Weil die Frauen jetzt von ihren Männern finanziell unabhängig geworden sind und sich die Scheidung leisten können? Weil wir endlich aus jahrhundertealten Zwängen ausbrechen können? Weil unsere Kultur immer mehr in Richtung Individualismus strebt und der Single-Haushalt der Wirtschaft für maximalen Konsum garantiert?

Die Soziologen haben viele solche Erklärungen für die Zunahme der Scheidungsrate parat. Aus psychologischer Sicht lässt sich nur feststellen, dass in manchen Familien die Scheidung als einfachstes Mittel der Problemlösung gewählt wird, während andere Paare wesentlich schwierigere Krisen ausdauernd überstehen. Die Scheidungswilligen führen das Argument ins Feld, dass die Generation unserer Eltern trotz heftigster Konflikte aneinander gekettet war und ein Ende mit Schrecken doch besser sei als ein Schrecken ohne Ende. Die ausdauernden Verfechter der Ehe entgegnen dem, dass es für jedes Beziehungsproblem auch eine Lösung gibt, wenn man nur ehrlich danach sucht.

Um ehrlich zu sein, ich neige zur zweiten Ansicht. Bei den meisten Geschiedenen, die meine Praxis aufsuchten, hatte ich das Empfinden, dass die beiden Getrennten nach wie vor ein gutes Paar abgäben, dass nicht die Falschen geheiratet wurden und dass nach der Scheidung die Probleme auch keineswegs beendet waren. Von Tisch und Bett Getrennte hören meist nicht auf, miteinander zu streiten, der Streit verlagert sich nur vom Küchentisch ins Gericht. Hat man vorher über die Beziehung gestritten, so streitet man nachher um das Besuchsrecht, die Alimente und den Unterhalt.

Wenn Sie gerade in einem Scheidungsprozess stecken, überprüfen Sie daher genau, ob sich Ihre Ehe nicht durch eine gute Partnertherapie retten lässt. Wenn Sie dann immer noch scheidungswillig sind, dann lösen Sie Ihre Konflikte in der Therapie so weit, dass Sie sich wirklich ganz voneinander lösen können und nicht weiter verstrickt bleiben. Machen Sie am Schluss ein Entbindungsritual, bei dem sie sich die Ringe, die Wünsche und Erwartungen zurückgeben und sich gegenseitig alles Gute für die dann getrennten Wege wünschen. Nur so werden Sie wirklich voneinander loskommen und aufhören, sich weiter das Leben schwerzumachen. Es kann auch ratsam sein, sich für die Verletzungen zu entschuldigen, die man dem anderen zugefügt hat und sich noch einmal zu versichern, dass man den anderen doch geliebt hat und die gemeinsame Zeit trotz allem eine schöne und gute war.

In Scheidungstherapien stellt sich oft heraus, dass die Scheidung eine zwanghafte Wiederholung von vielen Trennungen der Vorfahren ist. Die Eltern waren miteinander unglücklich und gingen sich aus dem Weg, die eine Großmutter wurde als Schwangere sitzengelassen, die andere schickte den Vater ihrer Kinder zum Teufel. In der ganzen Familiengeschichte gibt es nicht ein einziges Beispiel einer geglückten Ehe. Man geht einfach auseinander, das war immer schon so. Der einzige Unterschied zu früher ist, dass man es heute offiziell tun kann und so werden vor dem Scheidungsrichter viele alte Rechnungen beglichen, die alle auf eines hinauslaufen: Der Partner hat einen nicht glücklich gemacht und so verstößt man ihn aus dem Eheparadies, das immer schon eine Ehehölle war. Meist ist die Scheidung also nicht eine neue Lösung, sondern eine gewohnte und althergebrachte. Neu wäre es, die Beziehungsprobleme so zu lösen, dass man trotz Krise wieder miteinander glücklich werden kann. Aber dafür gibt es meist kein Modell, da das Scheitern der Beziehung über Generationen hinter einer scheinbar heilen Fassade versteckt wurde. Die Scheidungsgesellschaft scheint also ein kollektiver Reinigungsprozess zu sein, in welchem die Beziehungsprobleme endlich auf den Tisch gelegt und ernst genommen werden. Die Lösung dieser Probleme liegt im Erlernen von Beziehungsfähigkeit und in ehrlicher Beziehungsarbeit, welche die Gefühle beider Partner berücksichtigt und beachtet.

Problem: *Scheidung*
Ursache: *viele gescheiterte Beziehungen*
über mehrere Generationen
Lösung: *Entbindungsritual oder Partnertherapie*

❭ TOD

„….bis dass der Tod euch scheidet." Viele Paare haben diese Formel bei ihrer Hochzeit gehört, die wenigsten denken gerne darüber nach, was sie bedeutet. Ganz gleich, wie glücklich wir miteinander sind, gleich, wie viel wir in unsere Beziehung investiert haben, gleich, ob wir alles gut und richtig gemacht haben – wir werden durch den Tod getrennt werden, wenn wir uns nicht vorher scheiden lassen. Ob wir uns danach wiedersehen, wissen wir nicht.

Das ist doch haarsträubend. Wozu dann der ganze Aufwand? Warum sich anstrengen, wenn am Schluss doch alles zunichte gemacht wird? Die Priester aller Religionen geben den guten Rat, sich mit der Tatsache des eigenen Todes zu beschäftigen. Memento mori – bedenke, dass du sterblich bist. Bedenke auch, dass deine Liebe sterblich ist.

Viele meiner Freunde und Weggefährten haben bereits ihren Partner durch Tod verloren. Meine Mutter verbrachte die letzten 14 Jahre ihres Lebens als Witwe und es erging ihr dabei so wie den meisten Frauen ihrer Generation und der Generationen vor ihr.

Wir wissen nicht, wie lange wir unseren Partner noch im Arm halten dürfen. Würden wir dies bedenken, wären dann nicht viele unserer Streitigkeiten nebensächlich? Wir haben nicht alle Zeit der Welt, sollten wir dann nicht beginnen, diese verbleibende Zeit zu nutzen? Sollten wir nicht unserem Partner sagen, wie sehr wir ihn lieben, so lange wir dies noch sagen können?

Viele Paare verdrängen die Tatsache der Trennung durch Tod deshalb, weil der Tod des Partners in den Generationen zuvor immer wieder viel zu früh erfolgt ist. Der Verlust des Partners ist dann ein unverarbeitetes Trauma, das zu Recht gefürchtet wird. Gerade weil man sich extrem davor fürchtet, den Partner zu verlieren, mag man nicht an diese Möglichkeit erinnert werden und tut so, als wären wir alle unsterblich. Bei jeder Krankheit, bei jedem Unfall bricht diese Möglichkeit aber wieder in unser Leben ein und macht uns Angst.

In einer kindlichen Haltung erwarten wir von unserem Partner, dass er uns nie verlassen wird und dies soll er uns auch auf die Hand versprechen. Jeder Seitensprung ist deshalb bedrohlich, weil er uns der Gefahr der Trennung ein Stück näherbringt.

Nicht umsonst gehören aber Love Storys im Angesicht des Todes zu den schönsten Liebesgeschichten. Man verliebt sich in einen Partner, der unheilbar krank ist und stirbt. Nichts lässt im Kino die Tränen mehr fließen als solche Geschichten. Im Angesicht des unausweichlichen Schicksals sind wir zur höchsten Liebe fähig, da wir aufhören, uns an Kleinlichkeiten zu klammern und über Nebensächlichkeiten zu streiten. Nichts ist wichtiger als unser Herz zu spüren, zumindest einmal im Leben und sei es nur für kurze Zeit.

Der Tod macht uns unsere begrenzte Zeit bewusst, er befreit uns aber auch von dieser Begrenztheit. Eine Liebe, die vor dem Tod und im Angesicht des Todes bekräftigt wird, wird gleichsam unendlich. Deshalb sollte man Liebende in der Todesstunde nicht stören und sich gut voneinander verabschieden lassen. Viele Liebesprobleme rühren daher, dass der Abschied der Liebenden nicht möglich war. Bevor man ihm sagen konnte, wie lieb man ihn hat, ist der Geliebte gegangen – darüber kommen viele Liebende nie hinweg und verschließen deshalb nicht nur das eigene Herz, sondern auch das ihrer Nachkommen. Dann muss dieser Abschied symbolisch nachgeholt werden und die Liebe im Nachhinein ausgesprochen werden.

Daher gibt es kein größeres Tabu, als seinen Partner im Angesicht des Todes zu betrügen. Seine krebskranke Frau zu betrügen, sie in der Todesstunde allein zu lassen und sich derweilen mit der neuen Freundin zu vergnügen, macht zu Recht böses Blut und Schuldgefühle. Eine auf solchem Tabubruch begründete neue Liebe macht selten glücklich, ist gleichsam selbst zum Tode verurteilt. Auch wenn man sich verliebt, ist es doch besser mit der neuen Liebe zu warten, bis man sich in Würde vom Sterbenden verabschiedet hat. In vielen gescheiterten Liebesgeschichten findet sich ein solcher Verrat am Sterbenden als Ursache dafür, dass die Nachkommen in der Liebe nicht glücklich werden dürfen. Es ist dann wichtig, eine solche böse

Geschichte in einem Rollenspiel nachzustellen und symbolisch zu ändern. Erst wenn der Verrat aufgelöst wird, indem der Betrüger sich beim Sterbenden entschuldigt und dieser ihm den Segen seiner Liebe gibt, stellt sich das Liebesglück wieder ein.

Problem:	**Angst vorm Tod des Partners**
Ursache:	**Trauer war nicht möglich**
Lösung:	**Abschied der Liebenden**

Teil 3: Wie man sein Glück findet

Wir haben im ersten und zweiten Teil des Buches die vielen Probleme aufgezeigt, die gelöst werden müssen, wenn man sein Glück finden will. Jede Beziehung hat ihre Turbulenzen und es hilft nicht, vor ihnen davonzulaufen. Wenn wir uns mit Schwierigkeiten auseinander setzen, dann bewältigen wir sie auch. Wenn alle Steine aus dem Weg geräumt sind, dann steht unserem Liebesglück nichts mehr im Wege. Dann können wir auch eine Menge tun, um unser Glück zu hegen und zu mehren, so lange, bis wir aus unserem Partner einen Traumpartner gemacht haben. Wenn wir wissen, wie wir Amors Giftpfeile wieder herausziehen und die Verletzungen verheilen lassen können, dann sind wir reif für die guten Treffer, die der Liebesgott für diejenigen reserviert, die sich als der Liebe würdig erweisen.

Damit kommen wir zu einer entscheidenden Frage: Müssen wir denn wirklich durch das Pech in der Liebe hindurch, uns durch all den Schmerz der Verletzungen kämpfen, bis wir gleichsam als Belohnung endlich das Glück der reifen Liebe erfahren? Die Antwort heißt ja und nein.

Nein – Viele Paare finden ihr Glück tatsächlich schnell und ohne Probleme. Das sind jene, die wie Naturtalente sofort jene Handlungen setzen, die im dritten Teil dieses Buches beschrieben sind. Das sind jene Glücklichen, die liebende Paare als Eltern hatten, die ihnen all die Schätze der Zuwendung beibrachten und vorlebten, sodass sie ihren Eltern nur auf einem bereits gut ausgetretenen Pfad zur Harmonie nachfolgen mussten. Das sind jene Lernfähigen, die voller Entschlossenheit die Fehler ihrer Eltern hinter sich ließen, um sich als Autodidakten die Kunst der Liebe in vielen offenen Partnergesprächen selbst beizubringen. Wenn Sie sich also den Liebeskummer ersparen wollen, dann üben Sie konsequent mit Ihrem Partner die Schritte, die in den nächsten Kapiteln beschrieben sind. Sie schaffen sich damit gleichsam Ihr Glück selbst.

Andererseits ja. Manche Paare schaffen es nicht, um all die Fallgruben herum zu tanzen, die das Leben für ihre Liebesfähigkeit bereitgestellt hat. Das sind jene, deren Vertrauen in der Kindheit tief verletzt wurde. Das sind jene, deren Familiensysteme derartig mächtige negative Modelle aufweisen, an denen noch niemand zu rütteln wagte, dass sie die ersten sind, die sich überhaupt mit dem gestellten Problem auseinander setzen. Das sind jene Praktiker, die alles im Leben am eigenen Leibe erfahren müssen, um es wirklich zu begreifen. Für all jene machen die Erfahrungen mit den Problemen durchaus Sinn. Es sind Lernprozesse, durch die wir zum Kern der Sache vorstoßen und begreifen, wie unser Herz schlägt. So ist kein Kummer umsonst. Denn jeder Schlag auf unser Herz macht es größer und kräftiger. Darum schlagen Herzen, die Schicksalsschläge überwunden haben, am allerlängsten.

❯ ROMANTIK

Waren Sie schon einmal im siebten Himmel und bis über beide Ohren verliebt? Erinnern Sie sich, wie Ihnen das Herz bis zum Hals schlug, wenn Sie Ihrem Angebeteten begegnet sind? Sind Sie manchmal traurig darüber, dass Sie sich diese herrliche Zeit nicht zurückholen können, in der Sie alle Bedenken in den Wind schlugen und bereit waren, mit Ihrem Geliebten bis ans Ende der Welt zu gehen? Keine Angst. Sie können sich diese Zeit zurückholen und sich aufs Neue verlieben. Sie müssen es nur wollen.

Der einfachste Weg ist natürlich, auf einen Partner zu warten, der einen aufs Neue entflammen lässt. Irgendwo da draußen steht er für Sie bereit. Sie müssen ihm nur noch über den Weg laufen. Vielleicht sind Sie ihm bereits begegnet und haben es nur noch nicht richtig bemerkt, da Ihr Herz noch nicht auf Verlieben eingestellt war.

Es gibt eine einfache Übung, um Ihr Herz auf Verliebtsein einzustellen. Setzen Sie sich in einen bequemen Sessel, falten Sie die Hände und drücken Sie sie gegen Ihr Herz. Ziehen Sie dabei die Ellbogen nach vorne, sodass die Muskeln zwischen Ihren Schulterblättern gedehnt werden. Dadurch wird Ihr Herz von der Brust und vom Rücken her geöffnet. Nun denken Sie an Ihren zukünftigen Partner, wie schön und liebevoll er oder sie ist. Sie malen sich aus, wie Sie ihn küssen und umarmen. Sie hören seine liebevolle Stimme, die Ihnen zärtliche Worte ins Ohr flüstert. Und je länger Sie diese Übung machen, desto mehr fühlen Sie die Energie Ihres Herzens strömen.

Als nächstes errichten Sie in Ihrer Wohnung einen Liebesaltar. Dies kann ein Platz auf Ihrem Tisch oder Schrank sein, den Sie gerne haben. Dort stellen Sie Gegenstände auf, die Sie an die Liebe erinnern. Das sind vielleicht einige Kerzenständer, die Sie dann auch bei einem romantischen Abendessen verwenden. Vielleicht auch eine Flasche Ihres Lieblingsweins, den Sie Ihrem Geliebten dann kredenzen wollen. Natürlich auch ein Strauß Ihrer Lieblingsblumen, deren Duft eine betörende Wirkung auf Sie hat. Vielleicht gehört auch ein Flakon Ihres Lieblingsparfüms dazu.

Nun ist alles bereit für Ihren Geliebten. Jetzt brauchen sie sich nur mehr vorstellen, dass er Ihre Wohnung betritt. Stellen sie sich vor, dass die Blumen, der Wein und die Kerzen Opfergaben an die Liebesgöttin sind, die Sie täglich darbringen, um die Göttin in Ihr Haus einzuladen. Jede Wette, dass die Göttin Venus dieser Einladung gerne folgen wird.

Wenn Sie verheiratet sind, können Sie auch auf eine neue Liebe hoffen, müssen dies aber nicht. Machen Sie dieselben Rituale, die andere für einen neuen Liebhaber aufheben, mit Ihrem Partner. Drücken Sie die Hände an Ihr Herz und denken Sie dabei an ihn oder sie. Erinnern Sie sich daran, wie schön die erste Zeit war und inszenieren Sie die Verliebtheit neu. Als Verheirateter haben Sie den Vorteil, dass Sie nicht lange warten müssen, um mit der Romantik zu beginnen. Sie können es sofort und jederzeit tun. Selbst dann, wenn Sie auf Grund des letzten Streits gerade trotzig und schweigsam sind. Dies sei vor allem den Männern empfohlen, denen die Reaktionen Ihrer Frauen oft ein Rätsel geblieben sind. Nehmen Sie die Gegenstände von Ihrem Liebesaltar und stellen Sie sie auf dem Tisch auf. Kaufen Sie einen erlesenen Blumenstrauß. Zünden Sie die Kerzen an, und lassen Sie den teuren Wein atmen. Versprühen Sie gute Düfte. Wenn Ihre Frau das Zimmer betritt, flüstern Sie Ihr zärtliche Worte ins Ohr.

Seien Sie nicht entmutigt, wenn sich die erwünschte Wirkung nicht sofort einstellt, da Ihre Partnerin vielleicht noch skeptisch ist. Wiederholen Sie die romantischen Abende solange, bis Sie am Ziel Ihrer Träume sind.

Und dann machen Sie noch Folgendes: Nehmen Sie die schönste Blume aus dem Strauß und drücken Sie diese lange an Ihr Herz, bis sie voll von Ihrer Herzenergie ist. Setzen Sie sich Ihrer Partnerin gegenüber und schauen Sie ihr dabei in die Augen. Dann bewegen Sie ganz langsam wie in Zeitlupe die Blume von Ihrem Herzen zum Herz Ihrer Partnerin und drücken Sie sie ihr ans Herz. Daraufhin nimmt die Partnerin die Blume, hält sie ebenfalls lange am eigenen Herzen, bewegt sie dann in Zeitlupe zu Ihnen zurück und drückt sie Ihnen ans Herz. Wiederholen Sie diese Übung so lange, bis Ihre Herzen erwachen.

❯ ZÄRTLICHKEIT

Schauen Sie Frischverliebten zu und erinnern Sie sich an die Zeit, als Sie sich gerade verliebt hatten. Verliebte sehen sich tief in die Augen, sprechen mit sanfter Stimme. Sie achten darauf, nur Liebevolles zu sagen. Sie machen dem Partner Komplimente, sehen das Gute in ihm, erkennen das Potenzial aller Möglichkeiten, die im Partner stecken. Der liebevolle Blick unseres Gegenübers macht uns größer und mutiger, wir sehen die Welt mit anderen Augen. Alles erscheint lösbar. Es ist, als ob wir durch die Liebe unseres Partners neue Kraft und neue Energie erhielten. Auch wenn uns die Biologen weismachen wollen, dass dies alles nur ein hormoneller Ausnahmezustand ist, so sehnen wir uns doch ein Leben lang nach diesem tollen Gefühl.

Es ist vor allem die Zärtlichkeit zwischen Liebenden, die uns tief berührt. Der sanfte Umgang miteinander, die Höflichkeit, die Aura des Einmaligen und Besonderen, die Liebende umgibt. Dies bräuchten wir im Grunde ein Leben lang. Wenn die Zärtlichkeit erstirbt, brechen viele aus der Beziehung aus und suchen sich neue Partner.

In ihrer Liebe erfolgreiche Paare schaffen es aber, die Zärtlichkeit der ersten Wochen in den Alltag zu integrieren und zu erhalten. Die einzelnen Bestandteile des Verliebtseins werden zu Ritualen, die jeden Tag erneuert werden.

„Schön dass du da bist, mein Schatz."
Jede Begrüßung ist ein Neubeginn unserer Liebe. Wenn wir freudig auf den Partner zugehen, ihn umarmen, küssen und etwas Nettes sagen, dann beginnt die Liebe jedes Mal symbolisch aufs Neue.

„Wie geht es dir, meine Liebe?"
Wenn diese einfache Frage ernst genommen wird, dann ist sie jedes Mal eine Einladung zur Kommunikation. Ich bin meinem Partner wichtig, er interessiert sich für meine Gefühle. Ich kann ihm alles sagen und mitteilen.

„Was kann ich für dich tun, mein Hase?"
Ich bin für dich da, du bist mir wichtig. Ich helfe dir gerne. Die Zeit mit dir ist niemals verloren. Ich habe dich gerne in meiner Nähe. Ich genieße, dass du um mich bist. Du bist der wichtigste Mensch in meinem Leben.

„Lass dich umarmen, meine Maus."
Dich im Arm zu halten ist das Schönste für mich. Deinen Körper zu spüren ist wunderbar und erregend. Wenn du mich umarmst, ist die Welt in Ordnung. In deinen Armen bin ich entspannt und glücklich.

„Du bist die Schönste für mich, mein Engel."
Wenn wir uns verlieben, ist der Partner etwas Besonderes. Dies können wir einander doch jeden Tag zeigen, damit dieses Besondere gedeiht und erhalten bleibt.

„Ich liebe dich wie am ersten Tag, mein Baby."
Die Liebe hat uns zusammengeführt. Ohne die Liebe würden wir die Probleme des Alltags nicht ausgehalten haben. Nur wenn wir uns der Liebe des Partners sicher sind, haben wir einen festen Boden unter den Füßen. Wie schön ist es, wenn man diese Sicherheit jeden Tag wieder bestätigt bekommt.

Im Judentum gibt es ein wunderbares Ritual, das zur Nachahmung empfohlen ist: An jedem Freitag nach dem Gottesdienst kommt der Mann heim und sagt seiner Frau: Du bist die beste Ehefrau von allen. Niemand anderer als du ist besser geeignet, um mein Leben mit Liebe zu erfüllen. Und dann spricht der Mann alles aus, was er an seiner Frau gut und liebenswert empfindet. Welche Frau könnte so einen liebenswerten Mann zurückweisen?

Zärtlichkeit ist der Treibstoff, der die Beziehung am Laufen hält. Frauen brauchen dies ganz besonders, aber auch wenn sie es nicht zugeben – ohne die Bestätigung durch ihre Frauen gehen Männer meist jämmerlich ein. Das heißt nicht, dass wir Konflikte in einem Scheinfrieden unter den Teppich kehren sollen – aber auch ein Streit lässt sich am besten beenden, indem man seinem Partner etwas Nettes sagt, ihn umarmt und sich wieder versöhnt.

❯ SEXUALITÄT

Über Sexualität sind unzählige Ratgeber geschrieben worden, in denen die verschiedensten Stellungen und Praktiken detailliert geschildert werden. Dies kann man alles nachlesen und darum möchte ich es in diesem nicht wiederholen. Jedoch ist die Sexualität der zentrale Punkt der Liebe zwischen Mann und Frau und muss daher in jeder Partnerbeziehung beachtet werden. Die Sexualität von Mann und Frau ist durch Störungen leicht irritierbar und daher ein Gradmesser des Zustands der Beziehung: Wenn etwas zwischen den Partnern nicht stimmt, reagieren Frauen mit Lustlosigkeit, Männern mit Erektionsschwierigkeiten. Wenn also die körperliche Liebe eingeschlafen ist oder durch alles Mögliche verhindert wird, sollte man sich zusammensetzen und darüber reden. Dabei ist es wichtig, sensibel miteinander umzugehen und sich nicht durch unbedachte Bemerkungen zu kränken: „Was ist denn mit dir heute los, da regt sich ja schon wieder nichts!" oder „Du hast ja schon wieder keine Lust, sei doch nicht so zickig."

Räumen Sie der Sexualität Platz in Ihrem Leben ein und beachten Sie, was notwendig für Sie und Ihren Partner ist, um in Stimmung zu kommen. Der Platz, an dem die Sexualität stattfindet, ist normalerweise Ihr Ehebett, kann aber auch jeder andere Ort sein, der Sie in Stimmung bringt. Verbringen Sie also als erstes regelmäßig Zeit an Ihrem Sexplatz, allerdings ohne Druck, dass es hier und jetzt passieren muss. Im selben Bett zu schlafen steigert die Wahrscheinlichkeit, dass Sie zur selben Zeit in Stimmung sind, getrennte Betten führen zu mehr Abstand, dass erhöht aber auch die Spannung zwischen Ihnen, die sich dann vielleicht ganz plötzlich entlädt.

Schenken Sie sich als nächstes viel Zärtlichkeit, streicheln Sie einander, umwerben Sie den anderen mit schönen Worten. Genießen Sie es, zu streicheln und gestreichelt zu werden. Erkunden Sie den Körper Ihres Partners in all seinen Facetten. Nehmen Sie dabei Umarmungen und Zärtlichkeit als einen Wert an sich, ohne dass dabei gleich Sex entstehen muss. Manche Paare brauchen zuerst Gespräche, um sich aufeinander einzustimmen und in die gleiche Schwingung zu kommen. Manchmal stellt sich das Verlangen ganz schnell ein, manchmal dauert es Tage. Nehmen Sie es so, wie es kommt. Die Sexualität ist etwas, was Sie wie ein Naturereignis besucht, Sie können sie nicht erzwingen. Nehmen Sie sie als ein Geschenk, das Ihnen Ihr Partner macht.

Lernen Sie die Vorlieben Ihres Partners kennen. Es gibt so viele Arten, wie wir sexuell erregt werden, dass es wichtig ist, sich darüber auszutauschen. Sagen Sie Ihrem Partner, was Sie sich wünschen. Männer sind meist schnell erregt und können es kaum erwarten, Ihre Frau ganz zu spüren. Frauen brauchen meist eine Anlaufzeit. Ihre Klitoris will beachtet werden, wobei Fingerfertigkeit und Geschicklichkeit der Zunge den Mann zum guten Liebhaber machen. Manche Frauen kommen schon bei einem schönen Vorspiel zum Orgasmus und genießen die Erregung weiter, wenn der Mann eindringt. Dann kann sich auch der Mann ganz fallen lassen und wird durch die Erregung seiner Frau den Akt umso lustvoller erleben.

Messen Sie Ihren Sex nicht an der Anzahl der Stellungen, die Sie perfekt durchführen können. Spüren Sie einfach hin: Was fühle ich? Was fühlt mein Partner? Wo fühlen wir uns beide wohl? Denn das Gefühl entscheidet darüber, wie beglückend Sie Ihre Sexualität erleben. Sie könnten dieselbe Stellung mit fünf verschiedenen Partnern durchführen und würden jedes Mal etwas anderes erleben: Sie würden wenig empfinden bei jemandem, der Ihnen gleichgültig ist, Sie würden im siebten Himmel sein bei einem Partner, den Sie heiß begehren, und Sie würden Ekel empfinden bei einem Menschen, den Sie nicht leiden können. Es kann also nicht die perfekte Körpermechanik über Ihr Glück entscheiden. Sex findet hauptsächlich in Geist und Seele statt. Es sind die Bilder in Ihrem Kopf und die Liebe in Ihrem Herzen, die den Sex mit Ihrem Partner zu etwas Besonderem machen.

Nehmen Sie Ihre Sexualität als etwas, was sich immer wieder verwandelt und erneuert. Es wird in Ihrer Beziehung Zeiten geben, in denen Sie ständig Sex haben, und Zeiten, wo lange Zeit gar nichts passiert. Die Sexualität ist ein Spiegel Ihres Lebens, und auch dieses ist manchmal heiß und manchmal ruhig. Die verschiedenen Formen der Sexualität drücken verschiedene Qualitäten der Begegnung aus: wild und zärtlich, liebevoll, animalisch, leidenschaftlich, sehnsüchtig. Probieren Sie das aus, was Sie gerade fühlen und verführen Sie Ihren Partner dazu. Von Angesicht zu Angesicht sind wir uns beim Sex sehr nahe. Wenn der Mann von hinten kommt, fühlt es sich animalisch an. Wer oben ist, fühlt sich aktiv, wer unten ist, gibt sich passiv hin. Wenn Sie Ihre Stimmungen einbringen und dafür die richtige Form finden, wird Ihre Sexualität nie langweilig werden.

Lassen Sie sich nicht durch Ihre Bekannten in einen sexuellen Konkurrenzkampf drängen: Wer schläft am öftesten mit seiner Partnerin, wer macht die wildesten Stellungen? Dabei wird meist maßlos übertrieben und selten die Wahrheit gesagt. Und die Quantität des Sex sagt sowieso nichts über die Qualität aus. Niemand kann in Sie hineinschauen, wie beglückend Sie das Zusammensein mit Ihrem Partner erleben. Vergleichen Sie daher auch Ihren Partner nicht mit Ihren Verflossenen und, wenn Sie es doch tun, dann setzen Sie Ihren Partner nicht damit unter Druck: „Mit Franz war es viel toller und Martin konnte viel öfter." Verführen Sie Ihren Partner lieber und führen Sie ihn genau dorthin, wo Sie ihn haben wollen. Er wird Ihnen gerne folgen.

〉 GENIESSEN

Die wichtigste Übung, um sein Glück zu pflegen, ist, das Leben zu genießen. Freuen Sie sich einfach darüber, dass es Ihnen gut geht. Lehnen Sie sich zurück und seien Sie dankbar für die Geschenke, die Ihnen das Leben bringt. Seien Sie stolz darauf, dass Sie Ihren Partner haben und lassen Sie ihn das auch spüren. Seien Sie faul und verbringen Sie den ganzen Tag mit Ihrem Partner im Bett oder in einem Luxushotelzimmer. Zelebrieren Sie jede Berührung und jeden Kuss so, als ob es nichts Wichtigeres auf der Welt gäbe. Füttern Sie sich mit erlesenen Köstlichkeiten und lassen Sie diese auf der Zunge zergehen. Denken Sie an Ihre Kindheit zurück und seien Sie gemeinsam mit Ihrem Partner kindisch. Lassen Sie sich in den Schnee fallen und genießen Sie die köstliche Kühle der Flocken. Schwimmen Sie nackt in einem See und spüren Sie, wie Ihre Körper sich im prickelnden Nass berühren. Bewerfen Sie sich mit Schlamm und spüren Sie die Erde auf Ihrer Haut. Wälzen Sie sich gemeinsam in einer Wiese und riechen Sie das Gras und die Blüten. Stecken Sie sich Wiesenblumen ins Haar. Singen Sie sich Ihre Lieblingslieder vor und lassen Sie sich von der Stimme Ihres Partners einfangen. Schreiben Sie Gedichte, die für niemand anderen als Ihren Geliebten bestimmt sind, denn in seinen Ohren werden Sie ihre Wirkung entfalten. Essen Sie süße Cremen, Eis oder Früchte von der Haut Ihres Partners – das verdoppelt den Genuss für beide.

So witzig das klingt, manche tun sich mit diesem angenehmsten Punkt der Liebe am schwersten. Sich nur zurücklehnen und genießen – ja darf man denn das? Wir sind manchmal von inneren Programmen gesteuert, die uns das Genießen verbieten: „Wer hoch steigt, kann tief fallen. Man darf sein Glück nicht verschreien." Menschen, die das Genießen nicht gelernt haben, vermeiden daher diesen schönsten Punkt. Wenn das Ziel erreicht ist, stürzen sie sich sofort in die nächste Anstrengung. Gerade wenn sie den richtigen Partner haben, gaukeln sie sich vor, es müsste da ja noch etwas anderes geben, suchen ein neues Abenteuer.

Wenn wir nicht genießen, verweigern wir unserem Partner die Wertschätzung, dass das Leben mit ihm traumhaft ist. Damit bringen wir ihn, aber auch uns selbst um den Lohn für all die Mühe, die wir für unser gemeinsames Leben aufgebracht haben. Und das wäre doch schade. Genießen aber bedeutet, den Wert des Partners und der Liebe anzuerkennen und dafür dankbar zu sein. Dankbar auch für die Herausforderungen, für die Schwierigkeiten, an denen man gewachsen ist.

Das Genießen bringt Sie auf den Gipfel Ihrer Liebe. Von dort überblicken Sie ein weites, schönes Land, das alles enthält, was Sie sich vom Leben erträumen. Wenn Sie einmal das Genießen gelernt haben, dann nehmen Sie diese entspannte Haltung auch beim Abenteuer gemeinsamer Kinder ein. Sie genießen gemeinsam das Zusammensein mit Ihren Freunden. Ihr Heim und Ihre Feste werden dann vielleicht ein sicherer Hafen, wo sich Freunde von den Härten des Lebens erholen können. Sie können den Segen Ihrer Liebe weitergeben, indem Sie zuhören und Ihren Freunden durch Ihr Beispiel den Glauben an die Liebe zurückgeben.

Wenn Sie einmal den Spaß am Genießen entdeckt haben, hecken Sie immer wieder verrückte Ideen aus, die einzig und allein der Freude am Leben dienen. Warum soll man nicht einmal schallend über die Selbstbeweihräucherungen ernster Honoratioren lachen und die Etikette heiliger Rituale durchbrechen? Warum nicht ausgelassen und wild die Feste durchtanzen? Warum nicht alle Regeln über den Haufen schmeißen, die sowieso keinen Spaß mehr machen? Warum nicht auf einem Berggipfel Sex haben? Warum nicht seinen Job hinschmeißen und gemeinsam etwas völlig Neues machen? Warum nicht gemeinsam ins Ausland ziehen?

„Das geht doch alles nicht!" – Das hat man Ihnen beigebracht und das werden viele Bekannte auch nach wie vor sagen. Aber bedenken Sie: Bei allem, was Sie mit Ihrem Partner gemeinsam machen, sind Sie nicht allein. Bei jedem Ihrer gemeinsamen Vorhaben genießen Sie die Unterstützung des wichtigsten Menschen in Ihrem Leben. Und die gibt mehr Kraft als alle guten und schlechten Ratschläge der anderen zusammen.

Wenn es Ihnen gelingt, den Spaß in die Partnerschaft zu bringen, dann gewinnen Sie in den Augen Ihres Partners meist enorm an Wert. Den jeder will in seiner Beziehung glücklich sein und einen lustigen Partner haben. Sie können viel falsch machen – mit Lebensfreude erobern Sie Ihren Partner wieder zurück.

〉 SICH ZEIT NEHMEN

Die meisten Beziehungen gehen an Zeitmangel zu Grunde. Wenn ich meinem Partner nicht jede Woche und jeden Tag Zeit schenke, dann geht früher oder später die Beziehung ein. Wenn Sie vor lauter Stress und Hektik nicht mehr dazu kommen, Ihre Liebe zu genießen, dann machen Sie mit Ihrem Partner ein Rendezvous aus. Warum sollen Sie das tun, wo Sie sich sowieso jeden Tag sehen? Das ist aber nicht dasselbe, denn es gilt, dem Alltag zu entfliehen, wenn Sie sich Zeit für Ihren Partner nehmen. Stellen Sie sich daher vor, Sie würden sich dabei zum ersten Mal treffen. Wie beim ersten Mal versuchen Sie, aus jedem Augenblick Ihres Treffens etwas Besonderes zu machen. Denn Sie wollen Ihren Partner ja erobern, immer wieder aufs Neue. Genießen Sie alles, was bei Ihrem Rendezvous passiert. Das Warten, bis Ihr Partner kommt. Die Freude, wenn es läutet. Den ersten liebevollen Blick. Die herzliche Umarmung. Die Unterhaltung im Auto. Den schönen Tisch im Restaurant. Die Kerzen, den Wein und das Essen. Die Musik beim Konzert. Das Versperren der Schlafzimmertür, wenn Sie wieder zu Hause sind. Das Entkleiden. Das Berühren. Die Vereinigung. Die Entspannung.

So etwas hat es in Ihrer Beziehung schon lange nicht mehr gegeben, denn Sie sind ja keine Jungverliebten mehr? Dann wird es höchste Zeit, Ihre Liebe wieder etwas aufzumöbeln. Fordern Sie mit Nachdruck Termine für Ihre Rendezvous ein. Setzen Sie diese auf den Terminkalender. Nerven Sie Ihren Partner so lange, bis Ihr Rendezvous tatsächlich steht. Geben Sie keine Ruhe, bis Sie nicht mindestens ein Date pro Woche haben. Ohne wöchentliches Training verkümmert Ihr Liebesmuskel.

Gerade wir Männer neigen dazu, die Liebe als etwas Selbstverständliches zu nehmen, um das sich im Übrigen sowieso die Frauen kümmern. Wenn unsere Frauen aber hartnäckig sind, dann folgen wir Ihnen meistens doch. Und schließlich, was kann es Schöneres geben als Zeiten, wo wir ganz unser Herz spüren?

Gewöhnen Sie sich also an, Ihre Partnertermine in den Kalender zu schreiben und versichern Sie sich, dass der Termin auch im Kalender Ihres Partners eingetragen ist. Wenn er wieder mal den Hochzeitstag vergessen hat, ist das Drama fertig und offensichtlich, dass die Partnertermine im Argen liegen. In unserer hektischen Zeit funktionieren nun mal nur jene Termine, die wir uns schriftlich notiert haben. Achten Sie auch darauf, dass die Rendezvous nicht wieder in Störungen oder „Wichtigerem" untergehen. Ein Rendezvous findet ohne Kinder statt. Die werden schon nicht eingehen, wenn Sie von einem Babysitter oder der Oma betreut werden. Auch alle Rivalen haben bei einem Rendezvous nichts verloren. Ein Treffen mit dem Chef, ein Arbeitsessen, die wunderschöne Frau am Nebentisch, das Handy, das ständig läutet – all dies vermittelt Ihrer Partnerin, dass sie eine Nebensache ist, und sie wird entsprechend beleidigt reagieren. Wenn Sie aber durch Ihre Blicke und Taten Ihrer Partnerin vermitteln, dass sie das Wichtigste auf der Welt ist, dann wird Ihr Rendezvous ein solcher Erfolg, dass Ihre Liebe auch eine Durststrecke übersteht – bis zum nächsten Rendezvous, das hoffentlich schon ausgemacht ist.

❱ AKTIVES ZUHÖREN

Wenn Paare streiten, sieht dies meist folgendermaßen aus: Einer platzt plötzlich mit den Angelegenheiten heraus, die ihn schon seit langem ärgern. Seinen Ärger packt er dann in Beschuldigungen des Partners. „Nie hörst du mir zu!" „Immer kommst du zu spät!" „Du lässt mich immer im Stich." „Nie räumst du die Wohnung auf." Usw. usw. Der beschuldigte Partner fühlt sich meist zu Unrecht angegriffen und verteidigt sich. „Das stimmt ja gar nicht!" „Das siehst du völlig falsch!" „Was du dir alles einbildest." „Immer übertreibst du maßlos."

Wenn sich dann der Ärger nach einigem Hin und Her hochschaukelt, geht der Beschuldigte zum Gegenangriff über: „In Wirklichkeit bist ja du das Problem." „Du machst alles schlecht in unserer Beziehung." „Du liebst mich offenbar nicht, sonst würdest du nicht auf solchen Kleinigkeiten herumreiten." „Nie kann ich es dir recht machen."

Nach einer kurzen Eröffnungsrunde entsteht dann ein veritabler verbaler Boxkampf, bei dem die beiden Partner immer wilder aufeinander einschlagen und die Beschuldigungen immer drastischer werden. Dabei wird man vielleicht aufgestaute Aggressionen los, die Kommunikation des Paares erleidet aber Schaden.

Wenn die Partner nach einiger Zeit zur Vernunft kommen und wieder in Ruhe miteinander reden können, stellt sich meist Folgendes heraus: Der Grund des Ärgers ist fast immer, dass man sich vom Partner nicht ernst genommen fühlt. Man hat das Gefühl, dass die berechtigten Anliegen und Gefühle nicht gehört werden und unter den Tisch fallen. Deshalb muss man immer lauter werden, um gehört zu werden.

Ärger geht immer auf ein frustriertes Bedürfnis zurück. Das Bedürfnis, um welches es geht, ist, vom Partner gehört zu werden und sich ernst genommen zu fühlen. Wie wäre es also, von Anfang an auf den Partner einzugehen? In der Anfangszeit der Beziehung macht man dies meist und da gibt es auch kaum Streit.

Üben Sie also, auf Ihren Partner einzugehen. Damit dies gelingt, gibt es die ganz einfachen Regeln des „aktiven Zuhörens": Nehmen Sie sich eine Stunde für Ihren Partner Zeit. In der ersten halben Stunde ist Ihr Partner am Wort und Sie hören nur zu. Ihr Partner darf alles sagen, was ihn bewegt. Verboten sind nur Beschuldigungen in Form von „Du solltest…", oder „Du hast nicht…" Was immer passiert, Sie hören Ihrem Partner einfach zu. Sie verteidigen sich nicht, fallen ihm nicht ins Wort und kritisieren ihn nicht. Sie bewerten die Gefühle Ihres Partners nicht, sondern versuchen nur, diese zu verstehen. Versuchen Sie, sich in die Welt Ihres Partners hineinzudenken und zu erspüren, warum er so fühlt, wie er fühlt. Streiten Sie nicht darum, wer recht hat, denn damit werden Sie Ihren Partner nicht überzeugen. Wenn Sie glauben, etwas verstanden zu haben, dann sagen Sie: „Habe ich das richtig verstanden...?" „Meinst du das so?" Wenn Sie mit Ihrer Wahrnehmung noch daneben liegen, ermuntern Sie dadurch Ihren Partner, seine Gefühle noch genauer zu schildern. Wenn Sie mit Ihrem Feedback den Punkt treffen, wird Ihr Partner sich verstanden fühlen und sich entspannen.

Wenn Ihr Partner sich frei fühlt, von sich zu erzählen, dann erfahren Sie viel über ihn und seine Beweggründe. Wenn Ihr Partner seine ganze Lebensgeschichte erzählt, dann können Sie sich in das Drama seines Lebens hineindenken und verstehen dann seine wunden Punkte und Verletzungen. Dadurch bekommt man mehr Geduld mit Gefühlsausbrüchen, die einem zunächst vielleicht übertrieben vorkommen. Sie verstehen dann auch, welche Rolle Sie selbst im Drama des anderen zugewiesen bekommen. Sie können sich leichter von Beschuldigungen abgrenzen, wenn Sie erkennen, dass gar nicht Sie selbst, sondern eine Person aus der Vergangenheit des Partners das Ziel seiner Anklage ist. Am Ende der halben Stunde gehen Sie noch mal auf all die Themen ein, die Sie verstanden haben und bestätigen nochmals die Gefühle des Partners.

Alle Ihre Einwände heben Sie sich für die zweite halbe Stunde auf. Da sind Sie am Wort und Ihr Partner hört Ihnen zu. Wenn er sich bereits von Ihnen verstanden fühlt, wird er nun umso leichter auf Sie eingehen können.

❭ VON SICH ERZÄHLEN

Nun sind Sie an der Reihe. Sie dürfen jetzt alles sagen und müssen aus Ihrem Herzen keine Mördergrube mehr machen. Betonen Sie aber, dass es sich bei allem, was Sie sagen, um Ihre Gefühle handelt, die keine Kritik an den Gefühlen Ihres Partners sind. Gefühle sind einfach da und jeder lebt in seiner eigenen Gefühlswelt, die durch seine Erlebnisse geprägt ist. Sie erzählen, damit Ihr Partner Sie besser verstehen kann, nicht um ihn zu kritisieren.

Um das zu unterstreichen, verwenden Sie Ich-Botschaften: Ich fühle... Mir geht es so... Mir kommt vor... Ich ärgere mich, weil... Ich wünsche mir... Diese Botschaften haben nichts mit Egoismus zu tun, sondern machen Ihr Innenleben für den Partner verständlich.

Jetzt versucht Ihr Partner, Sie richtig zu verstehen. „Habe ich dich da richtig verstanden? Das sehe ich vollkommen ein, was du da sagst." Bemerken Sie, wie Sie sich entspannen, wenn Sie sich verstanden fühlen. Ist das Verständnis Ihres Partners nicht das, wonach Sie sich schon die ganze Zeit sehnen?

Wenn Ihr Partner Ihnen vorbehaltlos zuhört, werden Sie sich ermutigt fühlen, mehr von sich preiszugeben. Mit der Zeit werden Sie dem Partner das ganze Drama Ihres Lebens erzählen. Wenn Sie sich nicht angegriffen fühlen, können Sie zum Beispiel erzählen, dass die Kritik Ihres Vaters Sie immer tief verletzt hat und dass Sie deshalb Kritik so schwer aushalten. Sie können erzählen, dass man Sie immer als dummes kleines Mädchen hingestellt hat und Sie deshalb so schwer aushalten, wenn Ihr Partner belehrend, oberschlau und intellektualisierend ist. Wenn Ihr Partner versteht, was Sie kränkt, dann kann er sich auch bemühen, solche Kränkungen zu vermeiden. Meist treten wir nicht absichtlich in die Fettnäpfchen des anderen. Wir ärgern uns nur, wenn wir ohne Absicht eine starke emotionale Reaktion heraufbeschwören, an der wir dann auch noch schuld sein sollen. Wenn aber die Fettnäpfchen schon ausführlich erklärt und mit Warnschildern versehen sind, dann wird das nur mehr selten passieren. Geschieht es trotzdem, können sich beide Partner viel schneller verständigen, in welche Wunde man getreten ist und wie man da auch wieder herauskommt.

Wenn Ihr Partner versucht, auf Sie einzugehen, dann können Sie auch ehrlicher von sich erzählen. Sie können dann die Maske ablegen und über das reden, worum es wirklich geht. Viele endlose Gefechte zwischen Ehepaaren sind Scheingefechte mit vorgeschobenen Gründen. Da man nicht Klartext redet, kommt man auch zu keiner Lösung. Beim Streit ums Zuspätkommen geht es in Wirklichkeit um die Angst, dem anderen nicht wichtig zu sein. Wenn der Partner sich also noch so bemüht und schlussendlich ganz pünktlich ist, so verschwindet die Angst vor der Missachtung nicht unbedingt und sucht sich nur ein neues Schlachtfeld. Der Partner fühlt sich dann zu Recht zum Narren gehalten, wenn er auf den anderen eingeht und dann nur mit neuen, anderen Vorwürfen überhäuft wird.

Wenn wir aber ehrlich von unserer Angst erzählen, dann kann der Partner sofort und direkt darauf eingehen: „Ach mein Schatz, du bist mir doch der wichtigste Mensch auf der Welt und nichts ist mir wichtiger als das, was du mir zu sagen hast." Dieser echte Kontakt hilft dann auch und die Pünktlichkeit verliert sehr schnell an Dramatik.

Wenn Sie sich von Ihrem Partner nicht mehr angegriffen fühlen, können Sie noch etwas sehr Mutiges tun: Geben Sie eigene Fehler zu, anstatt sie abzustreiten. In Wirklichkeit sind Sie doch selbst Ihr härtester Kritiker und wissen ganz genau, was Sie nicht so gut können und was Ihnen misslungen ist. Wenn ein Mann sich frank und frei dazu bekennt, dass er nicht so gerne über seine Gefühle redet, dann ist das meist ein guter Anfang, die Kommunikation zu ändern. Die kontakthungrige Ehefrau wird dann geduldiger sein und ihm goldene Brücken bauen, um ihm Mut zu machen, dass seine Gefühle wert sind, geäußert zu werden. Wenn Sie bekennen, dass Sie ein technisches Anti-Genie sind und Reparaturen hassen, dann wird Ihr Partner aufhören, Ihnen deswegen Vorwürfe zu machen. Stattdessen werden Sie gemeinsam jemanden finden, der sich ausgesprochen gerne mit Reparaturen beschäftigt, sei es der Schwiegervater, der Nachbar oder ein Professionist.

Übernehmen Sie Verantwortung für Ihre Fehler. Übernehmen Sie überhaupt Verantwortung für alles, was Sie tun können. Übernehmen Sie Dinge, die Sie gut oder gerne erledigen. Übernehmen Sie Ihren Teil der Verantwortung an der Beziehung. Wenn zwei streiten, dann sind auch beide dafür verantwortlich. Wenn Sie Ihren Teil der Schuld auf den Tisch legen, dann fällt es dem anderen leichter, auch seinen Teil einzusehen. Eine gute Voraussetzung dafür ist Selbsterfahrung. Wenn Ich mich selbst kenne, dann kann mich auch der andere besser erkennen.

〉 DIE VERLETZUNGEN AKZEPTIEREN

Jeder Partner hat seine wunden Punkte. Das sind meist die Stellen, wo er von Amors Giftpfeil getroffen worden ist, wo er Schicksalsschläge erlitten hat, wo er eben schlicht und einfach sehr verletzt wurde. Glauben Sie mir, einen Partner ohne Verletzungen, der in allen Bereichen ruhig reagiert, gibt es nicht, oder es ist jedenfalls sehr unwahrscheinlich, dass Sie einen solchen finden.

Wenn also jeder Mensch seine wunden Punkte hat, dann ist es unausweichlich, dass wir früher oder später in eines der bereitliegenden Fettnäpfchen treten und überrascht feststellen, dass unser Partner beleidigt ist, obwohl wir ihm doch gar nichts Böses wollten. Nicht selten empfinden wir das als ungerecht, reagieren ebenfalls sauer und der schönste Streit ist fertig. Das kann man dann mit etwas gutem Willen über Jahre fortführen: Ich trete in sein Fettnäpfchen, zur Revanche tritt er in mein Fettnäpfchen und am Ende sind wir beide gekränkt und unglücklich. Eine beliebte Spielvariante ist auch, dem Partner vorzuhalten, dass seine Emotionen unbegründet, unlogisch und kindisch sind. Solche Vernunftargumente nehmen verletzte Frauen meist mit großer „Begeisterung" auf, die sich nicht selten zu einem grandiosen Abgang steigert.

Besser ist es, die Verletzung des Partners einfach zu akzeptieren und zu beachten: „Aha, das ist eine Stelle der Seele, an der mein Partner sehr verwundbar ist." Halten Sie sich zuerst vor Augen, dass Sie an dieser ursprünglichen Verletzung nicht schuld sind, denn diese hat meist etwas mit der Lebensgeschichte des Partners zu tun. Versichern Sie anschließend Ihrem Partner, dass Sie ihn nicht verletzen wollten und Ihre Aktion nicht als Kränkung gemeint war. Hören Sie dann Ihrem Partner einfach zu und wehren Sie nicht ab, was er Ihnen sagen will. Nehmen Sie das Gespräch als Gelegenheit, die Verletzung Ihres Partners verstehen zu lernen. Sie werden dann erkennen, dass bei diesem sensiblen Thema, wo Sie an einer Wunde Ihres Partners angestreift sind, noch ein Giftpfeil in der Seele Ihres Partners steckt, der herauseitern will oder herausgezogen werden muss. Manchmal ist das eine Stelle der Seele, an der man lange nicht gerührt hat, aus Angst, dass das Herz verblutet, wenn die Pfeilwunde geöffnet wird. Die Wunden in unserer Seele kapseln sich oft über Jahrzehnte ab und bleiben der Außenwelt verborgen. Erst in der Sicherheit einer stabilen Bindung finden wir den Mut, unsere Schwachstellen zu zeigen, die Eiterherde zu öffnen, um loszuwerden, was uns erdrückt. Wir erwarten dann von unserem Partner Verständnis und liebevolle Zuwendung, und das ist auch alles, was nötig ist, damit die Wunde heilen kann. Das Verständnis des Partners ist die Wundsalbe, welche die Selbstheilungskraft der Seele aktiviert. Wenn ich meinem Partner meine dunklen Stellen zeigen kann und dabei nicht verurteilt oder ausgelacht werde, dann entsteht schnell eine befreiende Atmosphäre.

Mit dem Respekt vor den wunden Punkten des Partners ist dann auch vieles möglich, damit sich die Verletzungen nicht wiederholen. Ich kann Themen vermeiden, die den Partner belasten. Ich kann seine Wünsche berücksichtigen, wie man mit seiner Verletzung umgehen soll. Ich kann das Thema ansprechen und damit mein Verständnis für den Partner ausdrücken. Ich kann vor allem vermeiden, in das beliebte Spiel „Wer ist schuld an dem Problem?" einzusteigen. Denn weder ich noch mein Partner sind schuld. Das Problem ist einfach da und will beachtet werden.

❯ DAS EIGENE WESEN BEWAHREN

Viele Menschen vermeiden eine feste Bindung aus Angst, dass sie sich darin aufgeben und verbiegen müssten. Frauen mussten sich jahrhundertelang nach den Wünschen der Männer formen und verformen lassen. Männer fürchten sich sowieso davor, unter dem Pantoffel einer Frau zu stehen und dann kein richtiger Mann mehr zu sein. Künstler leben oft allein aus Angst, dass ihre Kreativität unter den vielen Kompromissen leiden würde, die in einer Partnerschaft notwendig sind.

Dabei ist es keineswegs ratsam, sein Wesen und seine Persönlichkeit aufzugeben, nur weil man die Erwartungen seines Partners zu erfüllen sucht. Denn in mein Wesen und meine Persönlichkeit hat sich meine

Partnerin ja verliebt. Wenn das alles verschwindet, was wird ihr dann noch an mir gefallen? Eine Partnerschaft, in welcher ich mich oder meine zentralen Eigenschaften aufgeben muss, wird daher weder mich noch meinen Partner glücklich machen.

Carl Gustav Jung, der große Psychologe aus der Schweiz, hat dies wunderbar ausgedrückt im Bild von König und Königin, die gemeinsam über ihr Land herrschen. Sie sitzen auf gleicher Ebene, jeder hat den Respekt des anderen. Jeder hat aber auch seinen eigenen Thron und seinen eigenen Herrschaftsbereich. Nach C.G. Jung ist das Bild von König und Königin ein zentrales Symbol des Selbst, welches eine weibliche und eine männliche Hälfte hat. Jeder hat beides in sich, verkörpert die eine Hälfte und findet im Partner seine andere. Wenn eine der beiden Hälften unterdrückt wird, dann scheitert die Selbstverwirklichung beider Partner.

Erfahrene Paare versuchen daher nicht, das Wesen des Partners zu ändern, sondern sie begegnen einander mit Respekt und lassen einander so sein, wie sie sind. Viele Partner erliegen aber der Versuchung, den Partner ändern zu wollen. Besonders Frauen modeln heute gerne an ihren Männern herum und scheitern damit meist kläglich. Der Mann soll sensibler, verständnisvoller, verantwortungsbewusster, fürsorglicher – kurz weiblicher – werden. Wenn er das aber wirklich wird, ist er kein Mann mehr und wird nicht mehr ernst genommen.

Wenn ein Partner sich bis zur Selbstaufgabe an die Erwartungen des anderen anpasst, dann verliert er seine Echtheit und wird zu einer billigen Kopie eines Modells, das ihm übergestülpt wird. Dann geht er entweder ein wie eine Primel oder er muss letztendlich aus der Beziehung ausbrechen, um wieder er selbst zu werden.

Damit es nicht so weit kommt, stehen Sie zu sich selbst, zu Ihrem Wesen und zu Ihren Eigenschaften. Auch wenn Sie kompromissbereit sind, schlagen Sie unsichtbare Grenzpflöcke um sich herum ein, die signalisieren: „Bis hier her und nicht weiter. Was innerhalb des Grenzzauns ist, ist nicht verhandelbar. Diese Positionen kann ich nicht aufgeben, ohne mich selbst zu verlieren, also verlange bitte nicht Unmögliches von mir." Je klarer Sie Ihre Grundpositionen darlegen, desto eher wird Ihr Partner diese auch akzeptieren. Mag sein, dass Sie damit einen Konflikt riskieren. Aber manchmal ist es eben notwendig, sich aneinander zu reiben. Besser eine klare Auseinandersetzung als ein fauler Scheinfriede. Da Sie Mann und Frau sind, werden Sie viele solcher Gegenpositionen finden, wo weder der Mann sein noch die Frau ihr Wesen aufgeben kann. Aber das wäre doch auch schade, nicht wahr? Wenn Sie sich aber mit Respekt begegnen, dann werden Ihre Wesensunterschiede für die Dynamik in Ihrer Beziehung sorgen, die Spannung und Weiterentwicklung garantiert.

❭ AM WESEN DES ANDEREN WACHSEN

Wenn wir uns also nicht völlig ähnlich sind und auch keine faulen Kompromisse schließen, dann klingt das doch gewaltig nach Streit. Und Streiten bringt letztlich Beziehungen zu Fall, dafür gibt es ja genügend Beispiele. Was sollen wir also tun, um weder uns selbst noch den Partner zu verlieren?

Verlieren Sie nicht den Mut. Wenn Sie sich auf das Andere in Ihrem Partner einlassen, werden Sie gar nichts verlieren, sondern sogar noch etwas dazugewinnen: einen Turboschub für die eigene Entwicklung.

In meinem ganzen Leben hat mich niemand so verändert wie meine Ehefrau. Vor 26 Jahren war ich ängstlich, hypochondrisch, wenig selbstbewusst, grüblerisch und passiv. Dann kam sie ins Spiel und meine Freunde wunderten sich, dass ich mich in eine dynamische, kämpferische und selbstbewusste Frau verliebte. Das passte ja wirklich zusammen wie die Faust aufs Auge und unsere Bekannten gaben uns bestenfalls ein paar Monate bis zum unausweichlichen Ende unserer Beziehung. Inzwischen sind wir 23 Jahre verheiratet und immer zufriedener, je länger unsere Ehe dauert.

Wie Sie sich vorstellen können, war dazwischen einiges los. Meine Frau bedauerte mich nicht, wenn ich ängstlich war, sondern forderte Aktivität ein. Meine hypochondrischen Zustände ignorierte sie einfach. Sie zwang mich so lange zur Auseinandersetzung, bis ich stand-haft und damit auch selbstbewusst wurde. Das Zerreden von Emp-findsamkeiten und das Nachgrübeln über Gefühle, was Psychologen nun mal so gerne tun, gingen ihr bald auf die Nerven. Sie wollte lieber Pläne für die Gestaltung unseres Lebens, die Wohnungseinrichtung oder die nächsten Urlaube machen.

Nun hätte ich natürlich einen Grenzzaun um meine Gefühle ziehen können, um mich nicht verändern zu müssen. Aber auf all das, was meine Frau an mir störte, war ich ja ohnehin nicht stolz. Es handelte sich dabei um meine Schwächen, die ich sowieso gerne losgeworden wäre. Mit Hilfe meiner Frau ist mir dies auch ganz gut gelungen. Sie ist der ideale Trainingspartner für mich, der mir hilft, meine Schwä-chen auszumerzen und meine Stärken zu entwickeln. Heute kann ich auch initiativ, kämpferisch und selbstbewusst sein, wenn es die Situation erfordert. Meine alten Stärken habe ich mir dennoch nicht nehmen lassen. Ich bin weiterhin empfindsam, konsequent und den-ke gerne über Zusammenhänge nach. Meine Stärken haben wiede-rum auf meine Frau abgefärbt. Ihr Leben ist heute wesentlich ruhiger, stabiler und reflexiver als vor 26 Jahren. Damals hatte jeder von uns beiden Stärken, die der andere nicht hatte. Diese Stärken haben wir uns voneinander abgeschaut und unsere Fähigkeiten damit erweitert. Dennoch hat keiner von uns beiden sein unverwechselbares Wesen aufgegeben.

Vielleicht sehen Sie in den letzten beiden Kapiteln einen Widerspruch: Soll man nun seine Positionen verteidigen oder sich an den Partner anpassen? Gewissermaßen ist beides wahr. Verteidigen Sie Ihr Wesen und Ihre Stärken. Lassen Sie sich herausfordern bei Ihren Schwächen. Im Feuer Ihrer Liebe werden Ihre Schwächen ausgemerzt und Ihr Stär-ken veredelt. Ihr Wesen wird dadurch in aller Klarheit sichtbar.

Sie sehen schon: Eine Partnerschaft ist vor allem auch eine Entschei-dung für eine gemeinsame Entwicklung. Psychologen nennen dies den Prozess der Koevolution. Bei diesem dynamischen Prozess bleibt manchmal kein Stein auf dem anderen und die Partnerschaft ist auch eine Herausforderung, neue Fähigkeiten zu entwickeln. Aber das ist ja schließlich das, worum es im Leben geht: Immer reifer, erwachsener und fähiger zu werden. Und nichts kann einem dabei mehr helfen als eine von Liebe getragene Partnerschaft.

❭ SICH KONSTRUKTIV AUSEINANDER SETZEN

Das Verteidigen eigner Positionen und die Herausforderung durch die Andersartigkeit des Partners macht eines wahrscheinlich: So ganz ohne gelegentlichen Streit wird Ihre Partnerschaft nicht abgehen. Vor allem dann, wenn die Dynamik sich zuspitzt und ein Widerspruch schon zum hundertsten Mal aufgetaucht ist, ist es leicht möglich, dass die aufgestaute Spannung sich in einem Streit entlädt. Wenn man noch dazu gestresst ist und die Nerven schon blank liegen, kommen einem plötzlich die Kleinigkeiten hoch, die man schon so lange hinuntergeschluckt hat. Plötzlich platzt aus einem heraus, was man an seinem Partner einfach nicht leiden kann: Sie blockiert am Morgen eine halbe Stunde das Badezimmer. Er lässt überall seine schmutzige Wäsche liegen. Sie hat regelmäßig die Putzwut. Ihm ist die Sauberkeit in der Wohnung gleichgültig. Sie macht sich ständig Sorgen um die Kinder. Ihm sind die Kinder anscheinend egal.

Haben Sie keine Angst vor Streit. Dieser dient meist der Klärung eines anstehenden Problems. Wenn Sie die Regeln des konstruktiven Streitens beachten, dann sind sie schnell bei der Lösung und die Lage entspannt sich.

Legen Sie Ihren Standpunkt möglichst klar auf den Tisch. Betonen Sie, dass dies eben Ihre Ansicht ist, nicht aber die alleingültige Wahrheit.

Hören Sie sich die Ansicht Ihres Partners an. Auch wenn Sie anderer Meinung sind, lassen Sie die beiden Meinungen gleichberechtigt nebeneinander stehen.

Verwenden Sie Ich-Botschaften: „Ich denke..., ich möchte..., ich will....“ Dies hat nichts mit Egoismus zu tun, sondern macht Ihrem Partner nur Ihre Wünsche klar.

Vermeiden Sie Beschuldigungen: „Du hast schon wieder nicht…, du hast das Ganze verbockt." Dadurch treiben Sie den Partner in die Defensive und er wird ebenfalls mit Beschuldigungen antworten.

Vermeiden Sie Verallgemeinerungen: „Es ist immer dasselbe mit dir. Immer bist du unpünktlich." „Immer bist du wie ein Eisblock." Sprechen Sie lieber konkrete Situationen an, über die Sie sich geärgert haben. Diese kann Ihr Partner beim nächsten Mal nämlich auch ändern. Einen kleinen Fehler zuzugeben ist für jeden von uns leichter, als in seiner ganzen Persönlichkeit in Frage gestellt zu werden.

Zeigen Sie ruhig Emotionen. „Das macht mich wütend. Das kann ich einfach nicht haben. Das macht mich wahnsinnig." Wenn Sie Ihre Emotion zeigen, dabei aber Beschuldigungen und Verallgemeinerungen vermeiden, dann wird der Partner Ihr Gefühl ernst nehmen und darauf eingehen. Oder er wird ebenfalls seine Emotion zeigen. Dadurch entsteht ein reinigendes Gewitter und die Lage entspannt sich danach schnell.

Bestehen Sie nicht auf einer sofortigen Lösung. Diese braucht meist Bedenkzeit und weitere Gespräche, die dann in Ruhe ablaufen. Es genügt meist, wenn das Problem endlich ausgesprochen ist und der Partner signalisiert, dass er es ernst nimmt. Wenn man vom Partner eine Lösung für ein Problem verlangt, dass er gerade erst realisiert hat, dann überfordert man ihn und sich selbst.

Bestehen Sie aber auf der konsequenten Arbeit an der Lösung. Für jedes noch so unlösbare Problem gibt es Hilfestellungen, Beratung, Therapien. Am Ende eines Streits kann man sich jedenfalls darauf einigen, dass man sich um das Problem kümmern wird und was die nächsten Schritte dafür sind.

Wenn gar nichts mehr hilft, nehmen Sie die Schuld auf sich. Seien Sie der Klügere, der nachgibt. Übernehmen Sie die Verantwortung für Ihren Anteil am Problem. Wenn Sie eine Schwäche zugeben, nehmen Sie Ihrem Partner den Wind aus den Segeln und er wird Sie nicht mehr angreifen. Haben Sie keine Angst, dabei der Verlierer zu sein. Wenn Sie zuerst gekämpft haben und dann zu Ihrer Verantwortung stehen, dann wird man Sie umso ernster nehmen. Denn wer keine Angst vor Fehlern hat, wird zum kompetenten Erwachsenen.

Wenn sich ein Streit festgefahren hat, weil er einem der Partner an die Substanz geht oder einen wunden Punkt betrifft, der noch nicht verheilt ist, brechen Sie den Streit ab. Gehen Sie aus dem Raum und verschaffen Sie sich und Ihrem Partner eine Nachdenkpause. Wenn der erste Ärger verraucht ist, machen Sie Versöhnungsgesten. Gehen Sie mit Blumen oder einem kleinen Geschenk auf Ihren Partner zu. Umarmen Sie Ihn und betonen sie, dass Sie ihn trotzdem lieben. Auch Babylon wurde nicht an einem Tag erbaut. Manche Partnerprobleme brauchen eben länger Zeit bis zur Lösung.

Natürlich vermeiden wir alle Streit, solange es geht. Meist machten uns die Streitigkeiten unserer Eltern Angst, als wir Kinder waren. Natürlich zahlt es sich auch nicht aus, wegen jeder Kleinigkeit einen Streit anzufangen. Bei wichtigen Themen müssen wir aber Position beziehen. Wenn wir uns dann ehrlich mit unserem Partner auseinander setzen, dann stärkt dies unsere kämpferische Seite. Wenn beide Partner gelernt haben, sich zu behaupten ohne Angst, dass dies das Ende der Beziehung ist, dann hat Streiten sogar etwas Lustvolles. Probieren Sie einmal aus, miteinander im Spaß zu raufen und zu ringen. Nicht selten ist dieser kraftvolle Körperkontakt so lustvoll, dass man am Ende im Bett landet. Da Sex auch eine aggressive Komponente hat, ist er manchmal auch das schönste Ende eines Streits.

❭ WÜNSCHE ÄUSSERN

Wir verlieben uns meist in Partner, von denen wir glauben, dass diese unsere Wünsche an das Leben in optimaler Weise erfüllen werden können. Wir wünschen uns Liebe, Zärtlichkeit, Sex, Wohlstand, Kinder, Selbstverwirklichung. Was immer unsere Prioritäten sind – in der romantischen Phase unserer Liebe trauen wir unserem Partner zu, dass er uns bei der Erfüllung unserer Wünsche unterstützen wird.

Paare, die sich im Streit trennen, halten sich dann meistens die gesammelten Enttäuschungen vor. Dem Partner wird all das zum Vorwurf gemacht, was er nicht für uns getan hat. „Du wolltest nie Sex, mit dir kann man keine Kinder kriegen, du hast nie Verständnis, du hörst nie zu."

Auf dem Weg in den Untergang unserer Partnerschaft hören wir irgendwann auf, unsere Wünsche zu äußern oder verzichten dem Partner zuliebe ganz darauf. Um meine Mutter zu heiraten, hat mein Vater darauf verzichtet, Ingenieur zu werden. Das war wahrscheinlich der größte Fehler seines Lebens, der ihm bis zu seinem Tode zu schaffen machte. Es war zwar ein beeindruckender Liebesbeweis – aber was hatte meine Mutter davon außer einem unzufriedenen Mann, unter dessen Launen Sie dann sehr litt?

Verzichten Sie daher nicht auf Ihre Wünsche, nur weil Sie verheiratet sind. Auch wenn Ihre Wünsche nicht gleich erfüllt werden können, so heißt dies nicht, dass sie nicht berechtigt sind. Auch wenn Ihr Partner nicht das Geld hat, Ihre Träume zu bezahlen, so heißt das nicht, dass Sie sich Ihre Träume gleich aus dem Kopf schlagen müssen.

Machen Sie sich eines klar: Ihr Partner ist gar nicht dazu da, um Ihnen Ihre Wünsche zu erfüllen oder von den Lippen abzulesen. Das können Sie nur selbst tun. Alles was Sie von Ihrem Partner erwarten können, ist wohlwollende Unterstützung. Das ist auch alles, was Sie brauchen, um auf Ihrem Weg weiterzukommen.

Übernehmen Sie daher die Verantwortung für Ihre Wünsche, denn niemand sonst wird sich darum kümmern, mit etwas Pech auch Ihr Partner nicht. Wenn Sie gerne Bergsteigen, dann tun Sie es einfach. Wenn Sie gerne in Jazzkonzerte gehen, dann tun Sie es einfach. Wenn Sie gerne heißen Sex haben, dann äußern Sie dies. Wenn Ihr Partner darauf eingeht, wird er vielleicht durch Sie auf den Geschmack kommen und mitmachen. Wenn er auf Ihren Wunsch in keiner Weise eingehen kann, dann muss er damit rechnen, dass Sie sich Ihre Wünsche alleine oder mit anderen erfüllen.

Motivation ist das halbe Leben. Jeder Mensch hat Wünsche und Träume, Ziele, der er anstrebt. Der Partner muss diese Ziele nicht alle teilen, denn er hat vielleicht seine eigenen. Es muss in einer Partnerschaft aber möglich sein, seine Wünsche zu äußern und darüber zu reden. Auch wenn ein Partner nie Motorradfahren will, so kann er doch ein guter Gesprächspartner zum Thema Motorradfahren sein, mit dem man gemeinsam in seinen Phantasien von zukünftigen Road Movies schwelgen kann. Auch wenn ein Partner nie bisexuell sein will, so kann man ihm doch seine diesbezüglichen Träume mitteilen. Vielleicht machen gerade diese Gespräche das Sexleben wieder anregend.

Partner sind Wunschbegleiter, nicht Wunscherfüller. Wir unterstützen uns in unserem Glück, aber wir sind nicht für das Glück des anderen verantwortlich. Paare, die dieses Geheimnis begriffen haben, ersparen sich viele Enttäuschungen.

❯ AUF WÜNSCHE EINGEHEN

Wenn ich also nicht für das Glück meines Partners verantwortlich bin, dann brauche ich mich auch nicht darum zu kümmern. Wenn meine Partnerin von Gesprächen, von Verständnis, von Anerkennung träumt, soll sie weiter träumen – ich habe damit nichts zu schaffen.

Egozentrische Menschen handeln nach obigem Motto. Ich bin mir selbst der nächste, dann kommt lange nichts und meine Partnerin, die habe ich zwar, aber sie soll keine Ansprüche stellen.

Gar nicht auf die Wünsche des Partners einzugehen, das funktioniert natürlich auch wieder nicht. Auch wenn ich ihr nicht alles kaufen kann, auch wenn sie ihren Erfolg selbst schaffen muss und auch wenn ich nicht alle Träume mit ihr teile – ich muss auf ihre Träume eingehen. Partner sind Wunschbegleiter und sie erwarten sich zumindest Verständnis. Wenn der Partner zum Hindernis der Wunscherfüllung statt zum Unterstützer wird, dann wird es in der Partnerschaft kritisch.

Zum Hindernis für die Wunscherfüllung unseres Partners werden wir immer dann, wenn der Wunsch des Partners unsere eigene Wunscherfüllung bedroht. Der Wunsch des Mannes nach Karriere bedroht oft den Wunsch der Frau nach einem erfüllten Familienleben. Der Wunsch der Frau nach Selbstverwirklichung bedroht den Wunsch des Mannes, zuhause umhegt und gepflegt zu werden. Dann verhalten wir uns wie Kinder, die fürchten, dass die Stücke der Geburtstagstorte nicht für alle reichen werden. Oder wie Politiker, die fürchten, dass die Ressourcen unseres Planeten nicht für alle Milliarden Menschen reichen, die ihn kahlfressen.

Hier hilft ein einfaches Gedankenspiel: Stellen wir uns vor, dass Mann und Frau nicht eine Erde bewohnen, sondern der Mann seinen Mars und die Frau ihre Venus. Dann sind wir als Partner in der Position des Satelliten, der mit forschendem Interesse die Vorgänge auf Mars bzw. Venus beobachtet. Wir können dann unserem Partner ein gutes Feedback geben, unsere Eindrücke schildern. Wir werden uns aber auf keinen Fall in das Leben auf dem Mars oder der Venus einmischen. Dies gibt Mann und Frau das beruhigende Gefühl, ihren Planeten in Ruhe aufbauen zu können. Gute Ideen werden dabei gerne eingebaut. Über die beiden Satelliten gibt es mit der Zeit immer mehr Informationsaustausch zwischen den beiden Welten. Aus den Übereinstimmungen der beiden Welten, die langsam zunehmen, baut sich dann der gemeinsame Planet der Partnerschaft auf – der Planet Erde.

Ein praktisches Beispiel: Meine Frau wünscht sich seit Jahren ein Haus in Südfrankreich, wo wir gemeinsam unser Alter verbringen sollen. Mein Wunsch ist das nicht, ich träume davon, im Alter viele Bücher schreiben zu können. Dennoch diskutieren wir viel über unsere Wünsche und ich beginne langsam einige Aspekte des Hauses in Frankreich schön zu finden und den Traum meiner Frau zu verstehen. Meine Frau weiß inzwischen, wie wichtig mir das Bücherschreiben ist. Keiner lehnt mehr den Traum des anderen ab, sondern wir träumen gemeinsam immer weiter und immer detaillierter.

Wir begleiten uns in einer offenen Situation, denn niemand weiß, was wirklich geschehen wird. Vielleicht werden wir nie das Geld haben, um ein Haus in Südfrankreich zu kaufen. Dann bin aber nicht ich schuld daran, sondern die finanzielle Realität. Vielleicht werde ich auch aufhören, Bücher zu schreiben, weil ich zu wenig Leser und keinen Verlag mehr finde. Vielleicht werden meine Bücher aber auch ein finanzieller Erfolg und wir haben dann das Geld, um den Traum meiner Frau zu erfüllen. Vielleicht sitze ich dann in einem wunderschönen Garten in der Languedoc und genieße es, in der strahlenden Sonne Bücher schreiben zu können – wer weiß.

❭ IHM SEINE FREIHEIT LASSEN

Wenn Paare sich zusammenfinden, würden sie am liebsten die ganze Zeit miteinander verbringen, jede Trennung erscheint als eine unnötige Unterbrechung der als grenzenlos empfundenen Liebe. Nach einiger Zeit wird aber meist einem der Partner die ständige Nähe zu viel und er bricht aus, beendet vielleicht sogar die Beziehung. Der andere fällt aus allen Wolken – soll das alles gewesen sein?

Wir sind nicht für ständige Nähe geschaffen. Nur Babys im ersten Lebensjahr sind am liebsten in ständigem Körperkontakt mit der Mutter. Schon ab dem zweiten Jahr lebt der Mensch in einem Wechselspiel zwischen Nähe und Distanz.

In Beziehungen ist es daher wichtig, dass Nähe und Distanz sich die Waage halten. In den meisten Beziehungen wechseln sich Zeiten des Miteinanders ab mit Zeiten, in denen jeder für sich ist. Jedes Paar muss dabei seinen eigenen Rhythmus finden, wie sich Nähe und Distanz abwechseln. Viele Männer – aber auch Frauen – trennen sich von ihren Partnern, wenn sie diese als anklammernd erleben. Dem beugt man am besten vor, wenn man dem Partner seine Freiheit lässt, ihn immer wieder loslässt, ihn in sein eigenes Leben ziehen lässt.

Warum dürfen wir unsere Liebe nicht festhalten? Reicht es nicht, dass wir uns immer wieder von Geliebten trennen mussten? Diese eine besondere Liebe wollen wir nie wieder loslassen. Jedoch liegt es in der Natur der Dinge, dass unsere Liebe durch unsere Sterblichkeit begrenzt ist. Nichts wäret ewiglich. Irgendwann, und sei es mit 80 oder 90 Jahren, müssen wir unseren Geliebten sowieso loslassen. Jeder Abschied, jede kleine Trennung ist daher wie ein kleiner Tod und führt uns die Vergänglichkeit unserer Liebe vor Augen. Und dies macht Angst.

Wenn wir uns aber dieser Angst stellen und den Geliebten loslassen, dann haben wir gute Chancen, dass er auch wieder zurückkommt. Dann ist die Wiedervereinigung umso schöner. Je öfter wir erleben, dass unser Geliebter zu uns zurückkommt, desto sicherer werden wir, dass unsere Beziehung hält.

Für die meisten Menschen ist der Wechsel zwischen Nähe und Distanz Alltag. In der Früh geht man in die Arbeit, am Abend trifft man sich wieder. Der Mann macht eine Geschäftsreise, nach einigen Wochen kommt er wieder nach Hause. Man trennt sich im Streit, nach einigen Tagen geht man wieder aufeinander zu.

Erfahrene Paare, die sich der Wiederannäherung sicher sind, lassen dem Partner daher möglichst viele Freiheiten und versuchen nicht, dessen Leben durch alle möglichen Vorschriften einzuschränken. Jeder der beiden Partner hat die volle Freiheit über seine Zeitgestaltung. Jeder ist auch frei, über seine Lebensgestaltung selbst zu entscheiden. In dieser Freiheit kommt der Wunsch nach Nähe dann ganz von selbst. Wenn der Partner sich frei fühlt jederzeit auszugehen, Freunde zu treffen, sich seiner Arbeit zu widmen, dann nimmt der Freiheitsdrang ab und man bleibt am liebsten zu Hause bei seinem Partner.

Wenn beide Partner ihre Wünsche nach Freiheit und Nähe ausdrücken und leben, ergibt sich meist ein harmonisches Gleichgewicht zwischen beiden Kräften. Es gibt dann Ich-Zeiten, in denen ich für mich bin und meine Arbeit mache, und Du-Zeiten, die ich mit meinem Partner und meiner Familie verbringe. Wissenschaftler nennen dieses Gleichgewicht „Work-Life-Balance". Immer dann, wenn eine der Kräfte überwiegt, wird in einer dynamischen Diskussion der Partner versucht, das Ganze wieder ins Gleichgewicht zu bringen. Wenn der Mann nur mehr in seiner Arbeit und in seinen Vereinstätigkeiten unterwegs ist, dann wird er sich dem Unmut seiner Frau stellen müssen. Wenn diese ihm aber trotz allem seine Freiheit gelassen hat, werden dem Mann irgendwann seine vielen Aktivitäten selbst zu viel und er wird wieder mehr auf seine Frau zugehen. Manchmal kippt das ganze System, wenn die Partner in Pension gehen und nun den ganzen Tag zu Hause sind. Dann entdecken auch die Frauen, dass Distanz zeitweise notwendig ist und suchen sich Aktivitäten, bei denen der Mann nichts verloren hat.

❯ BEWUNDERN UND LOBEN

Jeder Mensch braucht die Anerkennung seines Partners. Das Tollste an der Verliebtheit der ersten Zeit ist, dass ich in den Augen meines Partners etwas Wunderbares bin. Der Partner schätzt meine Eigenschaften und findet mich großartig. In diesem positiven Spiegel fühlt sich mein Körper großartig an und meine Persönlichkeit wächst ins Unermessliche. In der Liebe hat unser Partner unsere volle Unterstützung. Aus dieser Anerkennung beziehen wir eine fast übermenschliche Kraft.

Leider geht diese Bewunderung des Partners oft sehr schnell verloren. In den Konflikten und Kämpfen des Alltags fallen uns auf einmal nur mehr Schwächen des Partners auf, an denen wir uns stoßen. Ungelöste Probleme und unterschwelliger Groll führen dazu, dass wir dem Partner die Anerkennung verweigern und ihn nur mehr kritisieren. So wird aus dem Traumpartner des Anfangs ein Albtraum von Beziehung.

Manche Paare geraten in einen Konkurrenzkampf, wer der Bessere von beiden ist. Dann wird das Loben eingestellt. Denn man will seinen Konkurrenten ja nicht stärken, aus Angst, dann den Kürzeren zu ziehen und zu verlieren. Dann braucht nur ein neuer Partner auftauchen, der einen wieder voll bewundert und das Drama ist fertig.

Wenn Sie also Ihren Partner nicht in die Arme eines anderen jagen wollen, dann hören Sie nicht auf, ihn zu loben und zu bewundern.

Lob ist das stärkste soziale Bindemittel und man kann damit schier alles erreichen. Wenn Ihr Partner etwas für Sie tun soll, durch Lob bringen Sie ihn am schnellsten dazu. Und die Zauberformeln dafür sind so einfach:

„Du machst das großartig, Schatz."

„Du kannst das einfach am besten, meine Liebe."

„Ich liebe dich dafür, wie du an diese Sachen herangehst, mein toller Mann."

Einer der beliebtesten Österreicher ist Harald Serafin, der Intendant der Mörbischer Festspiele. Seine Beliebtheit erreichte er mit seiner einfachen Formel, die er gebetsmühlenartig wiederholt: „Ich finde das einfach wunderbar." Er tut dies mit so großer Überzeugungskraft, dass sich alle in seiner Umgebung auch wunderbar fühlen.

Nun kann es sein, dass Sie den Blick für das Wunderbare Ihres Partners verloren haben. Dann wird es Zeit für folgende Übung: Erinnern Sie sich an die Zeit, als Ihr Partner Ihr Traumpartner war. Erinnern Sie sich an seine Eigenschaften, die Sie fasziniert haben. Erinnern Sie sich daran, wie fein sich sein Körper angefühlt hat. Erinnern Sie sich an all die Hoffnungen, die Sie in Ihren Partner gesetzt haben. Und nun machen Sie sich klar, dass Sie das Zaubermittel in der Hand haben, das Wunderbare in Ihrem Partner wieder zum Leben zu erwecken. Durch die Energie Ihrer Anerkennung und Ihres Lobes wird das Gute und Wünschenswerte in Ihrem Partner wachsen. Wenn Sie ihn loben, nehmen Sie die zukünftigen Wunder vorweg. Betrachten Sie Ihren Partner wieder mit dem Blick der Liebe, sagen Sie ihm Gutes und er wird genau so werden, wie Sie ihn haben wollen.

❱ STARK UND SCHWACH SEIN

Von unserem Partner erwarten wir Unterstützung, vor allem dann, wenn es uns schlecht geht. Jeder Mensch erlebt Krisen, Krankheiten, berufliche Rückschläge, Anfeindungen, Trauerfälle. Jeder Mensch hat Stärken und Schwächen und muss daher in der Partnerschaft Gelegenheit haben, sowohl stark als auch schwach sein zu können.

Es gibt Partnerschaften, die auf Stärke gebaut sind. Beide Partner sind erfolgreich, bestärken sich in den schönen Dingen des Lebens und blenden ihre Schwächen aus. Das funktioniert gut, solange Erfolg und Glück weiterbestehen. Wenn aber einer der beiden Partner durch Krankheit oder Konkurs abstürzt, überlebt die Partnerschaft eine solche Krise oft nicht, da das Paar nie gelernt hat, mit Schwächen umzugehen.

Es gibt Partnerschaften, die auf Schwächen aufgebaut sind. Beide Partner sind arbeitslos, trinken viel Alkohol und jammern über das ungerechte Leben, das ihnen alle Möglichkeiten verbaut hat. Solche Unglückspartnerschaften sind oft auch erstaunlich stabil, denn man befindet sich auf der gleichen Ebene und kämpft mit den gleichen Themen. Diese Partnerschaften zerbrechen meist dann, wenn einer der Partner aus seinem Unglück ausbricht, eine Ausbildung macht, zu trinken aufhört und die Straße zum Erfolg findet. Dann hat der andere oft nicht den Mut, ihm zu folgen und bleibt allein zurück.

Es gibt viele Partnerschaften, die auf der Stärke des einen und der Schwäche des anderen aufgebaut sind. Einer ist Alkoholiker oder psychisch krank, der andere kümmert sich um alles und sorgt für Stabilität. Auch solche Partnerschaften können erstaunlich lange halten, denn beide Partner haben einen Gewinn dabei. Der Alkoholiker kann wie ein verantwortungsloses Kind seiner Sucht frönen, der koabhängige Starke baut sein Selbstwertgefühl auf der Schwäche des anderen auf. Dennoch ist dies nur ein labiles Gleichgewicht, denn irgendwann hat der Starke vielleicht doch die Schnauze voll und will nicht mehr der Pfleger seines Partners sein.

Letztlich empfiehlt sich daher eine Partnerschaft, die auf Stärke und Schwäche aufgebaut ist. Jeder darf seine Schwächen haben, jeder hilft dem anderen mit seinen Stärken. Nicht selten ist die Stärke des einen die Schwäche des anderen. Über solche Unterschiede lässt es sich zwar trefflich streiten, viel sinnvoller aber ist es, wenn jeder seine Stärken zur Verfügung stellt und sich bei seinen Schwächen helfen lässt. Die Summe der Stärken und Schwächen beider Partner gleicht sich meistens aus und die Schlagkraft des Paares ergibt sich aus der Summe der Stärken.

Wenn wir also aufhören, uns kleinkrämerisch unsere Schwächen vorzurechnen, so wird es auch leichter, sich eine Schwäche einzugestehen und den anderen um Hilfe zu bitten. Stark und Schwach sind nicht selten auch Lebensphasen, die sich rhythmisch abwechseln. Wenn der eine krank ist, bleibt meistens der andere gesund und umgekehrt. Wenn man sich in Zeiten der Niederlage unterstützen lässt, kann man dies oft in Zeiten des Erfolgs an seinen Partner zurückgeben, der vielleicht gerade dann sein Tief hat.

Alle medizinischen und psychologischen Studien weisen darauf hin, dass Paare langfristig gesünder sind als Alleinstehende. Dies liegt an dieser ausgleichenden und unterstützenden Funktion der Partnerschaft.

Wenn wir also die Stärken des Partners anerkennen und uns umgekehrt unserer Stärken sicher sind, dann fällt uns kein Zacken aus der Krone, wenn wir einmal zugeben, dass wir uns ausgebrannt und völlig am Boden fühlen, eine gestellte Anforderung nicht mehr schaffen und einen Wunsch des Partners nicht erfüllen können. Wenn in der Partnerschaft Raum und Verständnis für Schwächen ist, dann ist sie ein Ort, wo Regeneration, Erholung und Neuorientierung nach Niederlagen stattfinden können. Und dieser sichere, geschützte Ort, an dem wir unsere Wunden lecken können, ist vielleicht das Wichtigste an einer Beziehung überhaupt.

Dies heißt aber nicht, dass einer der Partner es sich gemütlich in seiner Schwäche einrichten kann, ohne eigenen Beitrag zur Heilung. Vielmehr hält uns das freie organische Schwingen zwischen Aktivität und Passivität, Erfolg und Niederlage, Gesundheit und Krankheit lebendig.

❭ VERTRAUEN

Menschen, die in der Liebe verletzt wurden, haben oft verlernt, Ihrem Partner zu vertrauen. Wenn das Vertrauen zu oft enttäuscht wurde, dann vertraut man niemand mehr. Dann bildet sich ein Panzer um das Herz, damit dieses nicht immer wieder neu verletzt wird. In solchen Fällen muss der verletzte Mensch riskieren, wieder Vertrauen in die Liebe zu haben. Sein Partner muss versuchen, sich des Vertrauens würdig zu erweisen.

Eine einfache Vertrauensübung ist, sich die Augen zu verbinden und sich von seinem Partner führen zu lassen. Man ist dabei völlig von ihm abhängig, da man ja die Hindernisse nicht sieht, an denen man anstoßen würde. Wenn der Partner einen gut führt und man sich bei dieser Übung nicht weh tut, dann wächst das Vertrauen langsam.

Misstrauische Menschen machen oft merkwürdige Tests, um die Vertrauenswürdigkeit ihres Partners zu testen. Der beliebteste dieser Tests geht folgendermaßen: Man behandelt seinen Partner möglichst schlecht, beschimpft ihn, sagt, dass er einem nichts bedeutet, sich zum Teufel scheren soll und dergleichen. Wenn der Partner trotzdem bleibt, hat er den Test bestanden und man zieht in Erwägung, dass er einen vielleicht doch lieben könnte. Wenn er die Beschimpfungen wörtlich nimmt und sich aus dem Staub macht, hat sich das erwartete Misstrauen bestätigt.

Wenn Sie also plötzlich von Ihrem Partner weggeschickt werden, obwohl er Ihnen noch gestern voller Liebe begegnet ist, dann lassen Sie sich nicht gleich entmutigen. Es könnte sich dabei nur um eine Prüfung handeln, ob Sie es ernst meinen. Wenn Sie Ihren Partner lieben, dann bleiben sie dabei, ihm Ihre Liebe zu zeigen. Es kann sein, dass Ihr Partner weiter misstrauisch bleibt und Sie weiterer Prüfungen unterzieht. Je mehr Ihr Partner enttäuscht und verunsichert wurde, desto mehr haarsträubender Tests muss er Sie unterziehen.

Sie müssen ihn verstehen. Er oder sie hat vielleicht schon so viele schöne Worte gehört, die sich dann als Lug und Trug herausgestellt haben, dass er nur mehr Taten glaubt. Und der beste Beweis für die Liebe ist, beim Partner zu bleiben, wenn es nicht leicht ist.

Dies ist im Märchen von Dornröschen ausgedrückt. 100 Jahre lang muss der Prinz sich von den Dornen seiner Geliebten stechen lassen, bis die Dornenhecke sich schließlich doch öffnet. Im Froschkönig präsentiert sich der Prinz als ekelerregendes Tier, bis er sein wahres Ich zeigt. Im König Drosselbart erscheint der König als Bettler, bis seine Zukünftige ihn trotz allem liebt. Alle Märchen zeigen dasselbe: Wir müssen auf die Liebe vertrauen, die wir in unserem Herzen spüren und dürfen uns nicht von Hindernissen oder vermeintlichen Nachteilen davon abhalten lassen, die Liebe zu zeigen. Wenn die Märchen Recht haben, dann trügt oft der äußere Schein. Es ist manchmal mit logischen Argumenten nicht nachzuvollziehen, warum wir einem bestimmten Menschen unsere Liebe schenken. Warum dieser Mensch unsere Bestimmung ist, wird erst im Nachhinein sichtbar, wenn wir die ganze Geschichte kennen und sehen können, was er in uns bewirkt und ausgelöst hat. Die vielen Geschichten von liebenden Paaren zeigen aber dasselbe wie die Märchen: Liebe ist nie sinnlos. Sie ist immer ein Geschenk an den Geliebten, aber auch an mich selbst. Jeder Akt der Liebe öffnet mein Herz und bringt es zum Strömen. Auch die ungelebten, unerhörten und verletzenden Lieben bewirken, dass das Herz kräftiger und gefühlvoller wird. Egal, ob Liebe zum gelebten Glück oder zur Trauer des Verlustes führt, unser Herz bekommt dadurch Energie und wird größer.

Wenn wir dies erkannt haben, kehrt auch das Vertrauen zurück. Wir vertrauen dann darauf, dass das Schicksal das Richtige für uns bereit hält. Wenn wir Pech in der Liebe haben, dann ist dieses Pech ein Lehrmeister, der uns den richtigen und den falschen Weg aufzeigt. Wenn wir Schwierigkeiten bewältigen müssen, dann lernen wir daraus. Wenn wir uns in einen Menschen verlieben, dann können wir darauf vertrauen, dass er unser Lebensmensch sein kann, der bei uns bleibt. Wenn nicht, dann wird er uns den Weg zu unserer anderen Hälfte zeigen, die vielleicht bald danach kommt. Die Liebe unseres Lebens kommt vielleicht unscheinbar auf leisen Pfoten daher oder bricht wie ein Wirbelsturm in unser Leben ein. Wir können aber darauf vertrauen, dass die Liebe irgendwo auf uns wartet.

Der schlagendste Beweis für das Wirken der Liebe ist, dass es uns überhaupt noch gibt. Seit tausenden Generationen haben sich Paare zusammengefunden, Kinder bekommen und sie aufgezogen. Und wenn die Zeiten noch so schwierig waren – etwas Liebe war immer dabei.

❯ DIE LIEBE ÜBEN

Menschen, die viele Verletzungen und Enttäuschungen erlebt haben, können sich oft gar nicht mehr vorstellen, wie sich Liebe anfühlt. Paare, die sich jahrelang mit Gehässigkeiten fertiggemacht haben, empfinden die Aufforderung, sie sollten sich umarmen oder etwas Nettes sagen, geradezu als Affront. Dabei geht es den Menschen, die die Liebe lange vermisst haben, so ähnlich wie den Unsportlichen mit der Bewegung. Je länger man sich nicht bewegt, desto grässlicher ist der Gedanke an Sport. Je länger man nicht geliebt wurde, desto sarkastischer wird das Liebesgeflüster der andern als Gesülze abgetan.

Ärzte und Bewegungstherapeuten hören aber nicht auf, dem Bewegungsmuffel den Sinn der Bewegung zu predigen. Und wenn dieser seine ersten Trainingseinheiten hinter sich hat, entdeckt er, dass Sport Spaß macht. In ähnlicher Weise muss man in Partnertherapien den Liebesmuffeln das Glück der Liebe näher bringen, indem man sie zu Kontaktübungen auffordert, die am Anfang meist entrüstet abgelehnt werden.

Ein heillos zerstrittenes Paar kommt in Therapie. Die beiden setzen sich so weit voneinander weg, wie es Sessel und Größe des Therapieraumes zulassen. Jeder klagt lauthals über die Lieblosigkeit des anderen. Sex gäbe es natürlich auch keinen, denn – wie sich beide spiegelbildlich einig sind – mit so einem bösen Menschen könne man doch keinen Sex haben. Bald wird deutlich, dass sich beide nach Nähe sehnen und ich fordere Sie daher auf, sich nebeneinander auf die Praxiscouch zu setzen. Dies wird entrüstet zurückgewiesen, nach hartnäckiger Aufforderung nur unter Protest durchgeführt. Eine Zeit lang sitzen die beiden nebeneinander, ihre Schenkel berühren sich dabei. Sie klagen, was das alles für ein unechtes Theater sei. Dann bricht die Frau in Tränen aus. Der Mann versucht, sie tröstend in die Arme zu nehmen. Die Frau wehrt dies erst ab, lässt es aber dann doch zu.
In den nächsten Stunden passiert Ähnliches zum Thema Umarmung, den anderen loben, sich an schöne gemeinsame Zeiten erin-

nern. Alles, was in der Beziehung einmal schön war, wird jetzt sarkastisch in den Schmutz gezogen. *Die Übungen, die die Liebe fördern, werden erst durchgeführt, wenn ich nachdrücklich darauf bestehe. Schließlich kommt das Paar nicht mehr in Therapie und ich befürchte, dass ich an diesem Paar gescheitert bin. Da erreicht mich ein Anruf des Mannes: „Ich wollte Ihnen nur mitteilen, dass Ihre Übungen doch geholfen haben. Es klappt jetzt wieder mit meiner Frau, auch im Bett. Wir brauchen keine Therapie mehr."*

In vielen Partnertherapien ist es so einfach wie im geschilderten Fall. Wenn die Liebe eingerostet ist, dann muss man die Liebe üben. Wenn es keinen Körperkontakt mehr gibt, dann hilft Körperkontakt mehr als viele Worte. Ein Paar, das an Lieblosigkeit verhungert und verdurstet, muss lernen zu essen und zu trinken.

Sie müssen natürlich nicht unbedingt in Partnertherapie gehen, um die Liebe zu üben. Sie müssen nur die Liebesübungen durchführen:

❭ Setzen Sie sich neben Ihren Partner und spüren Sie die Berührung.
❭ Setzen Sie sich auf den Schoß Ihres Partners.
❭ Umarmen Sie ihn.
❭ Legen Sie sich neben Ihren Partner ins Bett und streicheln Sie ihn.
❭ Sagen Sie Ihrem Partner etwas Nettes.

Machen Sie diese Übungen, auch wenn Sie einen anfänglichen Widerstand dagegen verspüren. Wenn alle Personal Trainer darauf warten würden, bis die Bewegungsmuffel sich freiwillig bewegen, dann wären sie schnell arbeitslos. Wenn Sie Ihren Liebes-Widerstand überwinden, dann werden Sie staunen, wie schnell die schönen Gefühle zurückkommen, nach denen Sie sich schon so lange sehnen.

❭ VEREINBARUNGEN TREFFEN UND EINHALTEN

Die meisten Menschen verlieben sich viele Male in ihrem Leben, aber nicht allen gelingt es, die Liebe in eine stabile Partnerbeziehung umzuwandeln. Wenn das Verliebtsein sich aber nicht wieder verflüchtigen soll, müssen wir es in einer Form festhalten. Die Form der Liebe ist, dass zwei Menschen sich gegenseitig eine Chance geben und füreinander entscheiden. In allen Kulturen gibt es dafür das Ritual der Hochzeit: Zwei Menschen entscheiden sich, miteinander durch Dick und Dünn zugehen. Wenn sie dies tun, sind sie überzeugt, mit ihrem Partner den Traum von der Liebe leben zu können. Wenn wir also später an unserem Partner zu zweifeln beginnen, sollten wir uns an unsere Entscheidung erinnern.

Menschen mit Bindungsängsten betonen eher, dass die Hochzeit ja nur eine unnötige Formalität sei, und man sich ja auch so lieben könne. Letztlich haben sie aber Angst, mit letzter Konsequenz zum anderen Ja zu sagen und halten sich ein Hintertürchen offen. Es ist aber wichtig, die Liebe mit Ringen und Ja-Wort zu besiegeln, ohne Wenn und Aber zu seinem Partner zu stehen. Dies macht vieles einfacher. Man muss sich nicht bei jedem Streit wieder fragen, ob man zusammenbleibt oder nicht. Man kann sich darauf verlassen, dass man nicht aus dem erstbesten Grund verlassen wird.

Partnerschaft verlangt also Entscheidungen und Vereinbarungen. Sich entscheiden heißt, ein Risiko einzugehen. Niemand kann garantieren, dass eine Beziehung gelingt und glücklich macht. Aber wenn wir uns nicht dafür entscheiden, werden wir es nie herausfinden. Entscheidungen, die zwei Menschen gemeinsam treffen, sind Vereinbarungen. Diese gelten für beide und beide verlassen sich darauf. Wenn einer der beiden die Vereinbarung bricht, fühlt sich der andere im Stich gelassen und wird vielleicht auch verlassen.

Vereinbarungen können durchaus Kompromisse sein. Man legt seine gegensätzlichen Standpunkte so lange auf den Tisch, bis man sich schließlich in der Mitte trifft. Ein Kompromiss ist eine Vereinbarung, mit der beide Partner leben können. Statt ständig Sex oder niemals Sex – Sex einmal in der Woche. Statt ständig Urlaub in den Bergen oder Urlaub am Meer – das Ganze abwechselnd: Diese Jahr kriegst du dein Meer, nächstes Jahr krieg ich meine Berge. Statt ständig auszugehen und ständig vor dem Fernseher zu knotzen – einmal das eine und einmal das andere.

Am einfachsten lebt es sich mit der Vereinbarung, dass jeder abwechselnd einen Vorschlag über die Gestaltung der gemeinsamen Zeit machen darf. Heute bestimmt sie und der Mann folgt ihrem Vorschlag. Morgen bestimmt er und sie lässt sich von ihm zu seinem Vorhaben einladen. Dann sind bald beide zufrieden und keiner hat das Gefühl, den Kürzeren zu ziehen. Dadurch schwingt man angenehm zwischen Aktivität und Passivität hin und her und das Gleichgewicht in der Beziehung bleibt erhalten.

Bevor die gemeinsame Entscheidung fällt, darf man ruhig über Für und Wider diskutieren. Wenn die Vereinbarung aber getroffen ist, sollte man sich daran halten. Dadurch entsteht Zuverlässigkeit und Sicherheit in der Beziehung. Und das tut beiden Partnern gut.

Das Einhalten von Terminen wird oft zum Prüfstein dieser Zuverlässigkeit. Bei einem Paar drehte sich die Partnertherapie stundenlang darum, dass der Mann in der Regel 10 Minuten zu spät zu vereinbarten Terminen erschien. Die Frau machte dies ganz wahnsinnig, der Mann hingegen verstand nicht, warum sie sich wegen 10 Minuten aufregte. In der Therapie wurde klar, dass es in Wirklichkeit um die Zuverlässigkeit in der Beziehung ging. Kam der Mann zu spät, hatte die Frau Angst, er würde seine Versprechen nicht einhalten und es würde wieder einmal, wie schon so oft, etwas Wichtiges ins Wasser fallen. Als der Mann verstand, dass er mit einfachen 10 Minuten Zeit seiner Frau das Gefühl der Sicherheit geben könne, fiel es ihm leicht, auf Pünktlichkeit zu achten.

Ein ebenso einfaches Mittel, seinem Partner Stabilität und Sicherheit zu vermitteln, ist das Handy. Wenn ich telefonisch mitteile, wann ich heimkomme, wo ich gerade bin, was mich aufhält, warum ich länger arbeiten muss, dann fühlt sich mein Partner sicher und in Kontakt mit mir. Viele Streitigkeiten wegen Zuspätkommens treten dann gar nicht auf.

❭ DAS GUTE WAHRNEHMEN

Wenn Sie bis hierher die meisten Empfehlungen dieses Buches beherzigt haben, dann geht es Ihnen wahrscheinlich gut mit Ihrem Liebsten. Haben Sie nicht alles getan, um ihn glücklich zu machen? Dann bleibt nur noch eines – freuen Sie sich über das Erreichte.

Eh klar, um Freude geht es doch in der Liebe, das lassen wir uns doch nicht zweimal sagen. Natürlich wollen wir nur das Eine – mit unserem Partner glücklich sein. Wenn Glück so einfach ist, warum tun sich dann so viele Paare schwer damit? Hand aufs Herz – besteht Partnerschaft nicht meist aus harter Beziehungsarbeit, Problemlösungsversuchen, Streit und Auseinandersetzungen?

Tatsächlich ist der Aufbau einer geglückten Beziehung oft über viele Jahre so anstrengend, dass das Paar die Freude daran verlernt. Man ist zwar entschlossen, alles richtig zu machen und sich nicht entmutigen zu lassen, wenn die Probleme kommen. Aber irgendwann sucht man reflexartig die nächste Arbeit, das nächste Problem, die anstehende Diskussion.

Es ist schon gut, wenn Sie gelernt haben, vor Problemen nicht davonzulaufen. Es ist aber nicht gut, wenn Sie vor lauter Problemen darauf vergessen, glücklich zu sein. Wir sind manchmal von inneren Programmen gesteuert, die uns die Freude verbieten. Menschen, die nie gelernt haben, sich zu freuen, vermeiden daher diesen schönsten Punkt.

So witzig das klingt, wenn sie das Ärgste überstanden haben, müssen viele Paare wieder üben, sich über das Leben miteinander zu freuen. Wie alles Gute im Leben ist dies eine einfache Übung, die aber trotzdem trainiert werden muss. Und die geht so:

Freuen Sie sich darüber, dass es Ihnen gut geht. Lehnen Sie sich zurück und ruhen Sie sich ruhig auf Ihren Lorbeeren aus – Sie haben es verdient! Seien Sie dankbar für die Geschenke, die Ihnen das Leben gebracht hat. Seien Sie stolz darauf, dass Sie Ihren Partner haben und lassen Sie ihn das auch spüren. Betrachten Sie Ihren Partner wieder einmal mit liebevollen Augen und sagen Sie ihm, dass Sie auf ihn stolz sind, ihn lieben und gerne mit ihm beisammen sind. Erinnern Sie sich gemeinsam an schöne Erlebnisse und bekräftigen Sie, wie schön diese waren. Bleiben Sie stundenlang im Bett und genießen Sie Ihre wunderbaren Körper, die Haut, die Berührung, den Geruch und die Stimme des anderen.

Erfüllen Sie sich von Zeit zu Zeit einen ganz besonderen Wunsch. Ein erstklassiges Lokal, ein schönes Konzert, einen besonderen Urlaub. Verbringen Sie ein Wochenende in einem Thermenhotel und lassen Sie sich gemeinsam verwöhnen. Erfreuen Sie sich gemeinsam an Aktivitäten, sei es Wandern, Joggen oder Bogenschießen.

Freuen Sie sich über die Ansichten und Meinungen Ihres Partners, die er Ihnen mitteilen will. Sie werden dadurch ständig zu Neuem angeregt und die Gedanken Ihres Partners sind wie eine ständige warme Dusche, in der Sie Ihren Wissensdurst stillen können.

Seien Sie miteinander faul. Genießen Sie die Ruhe eines gemeinsamen Abends, wo jeder ein Buch liest und man gemeinsam Musik hört.

Lernen Sie, das Gute wahrzunehmen, welches sich oft in Kleinigkeiten versteckt. Ist es nicht schön, dass Sie nie allein sein müssen, solange Sie Ihren Partner haben? Ist es nicht schön, jeden Tag gemeinsam essen zu können und gemeinsam schlafen zu gehen? Ist es nicht schön, wie er lächelt, wie er sich bewegt und wie sich seine Stimmungen im Gesicht spiegeln? Ist es nicht schön, so viel miteinander zu teilen, die Abgründe und Tiefen der eigenen Seele ebenso wie die Träume und Erwartungen an das Leben?

Wer nicht genießt, wird ungenießbar. Sich zu freuen ist daher die vielleicht wichtigste Übung überhaupt: Es bedeutet, den Wert des Partners und der Liebe anzuerkennen und dafür dankbar zu sein. Dankbar für die Herausforderungen, an denen man gewachsen ist, für die Unterschiede, durch die man auf neue Gedanken gekommen ist und für die vielen Lösungen, die das Leben zur Freude machen.

〉 RITUALE

Als ich jung war, lehnte ich fixe Rituale ab. Sie erschienen mir als zwanghafte Einengung meiner Freiheit, das Leben selbstbestimmt zu gestalten. Als Student genoss ich es zunächst, völlig Herr über meine Zeit zu sein und tun und lassen zu können, was ich wollte. Mit der Zeit wurde diese Freiheit aber anstrengend und ich entdeckte, dass die Schulzeit mit ihren festgelegten Regeln durchaus auch ihre Vorteile gehabt hatte.

Natürlich lehnten wir damals auch die vielen Benimm-Regeln ab, die der Freiherr von Knigge einmal für junge Leute festgelegt hatte. Warum sollte man seiner Freundin die Türe aufhalten oder ihr in den Mantel helfen, nur weil man zufällig ein Mann war? Das war doch alles urkomisch und Schnee von gestern. So mussten wir bei jedem Rendezvous mit einer neuen Freundin unsere eigenen Regeln erfinden und das war zwar sehr authentisch, aber auch anstrengender, als sich auf die althergebrachten Regeln zu verlassen.

Gleich, ob man sich auf die Tradition oder die eigene Kreativität verlässt, das Zusammenleben von Mann und Frau braucht Regeln und Rituale. Sonst kommt es ständig zu Missverständnissen wie bei Katze und Hund, wo die eine Partei denkt, Schwanzwedeln sei ein Angriff, während der andere es als Liebesbeweis meint.

„Du bist die Schönste. Du bedeutest mir alles auf der Welt. Ich liebe dich." Männer tun sich manchmal schwer, dies auszusprechen. Wer dies aber mit Überzeugung tut, hat alle Chancen.

Ein Augenaufschlag. Ein Blick über die Schulter. Ein Heben der Hüften: Mit ihrer Körpersprache können Frauen einen Mann in den Wahnsinn treiben.

Kleine Aufmerksamkeiten, Blumen, Schmuck, überraschende Geschenke. Wann haben Sie das letzte Mal die magische Wirkung dieser kleinen Gesten auf dem Gesicht Ihrer Liebsten bemerkt?

In der Liebe geben wir uns oft der Illusion hin, dass diese von selbst geschehe und man daher nichts dafür tun müsse. Nach langem Ehealltag lassen wir dieses „überflüssige" Beiwerk oft weg. Aber ohne Rituale, die regelmäßig wiederholt werden, hat nichts Erfolg im Leben. Dann sitzt jeder in seinem Schneckenhaus, grollt innerlich über die Lieblosigkeit des Partners und wartet auf ein Zeichen, eine kleine Geste, dass der andere einen noch lieb hat. Innerlich längst verhungert verweigert man, dem anderen seine Liebe zu zeigen. „Wenn er/sie mich liebt, dann spürt er/sie es von selbst." Ein Rezept, das oft angewandt wird, aber noch nie funktioniert hat.

Wenn Ihre Liebe also am Eingehen ist, dann entdecken Sie die Wirkung all der kleinen Kunststücke, die in Romanen und Filmen tausendfach beschrieben und gezeigt werden. Werden Sie ein charmanter Kavalier und eine zauberhafte Prinzessin, die sich umwerben und umgarnen. Sprechen Sie magische Worte aus und sehen Sie, wie sich das Antlitz Ihrer Liebsten verändert. Gerade in der Liebe kann jeder bezaubernd sein, wenn er es nur wirklich versucht.

Und schließlich, was soll's, wenn der alte Herr Knigge heute eine Renaissance erfährt – Frauen scheinen seine Ratschläge zu mögen. Halten Sie die Autotüre auf, wenn Ihre Prinzessin erscheint. Bitten Sie sie hochoffiziell um den nächsten Tanz. Holen Sie den Mantel und legen Sie ihn ihr zärtlich um die Schulter. Überlassen Sie ihr den Vortritt, sei es in Gesellschaft oder im Ehebett. Wenn Sie es mit Charme und Freude tun, dann wird Ihre Partnerin es Ihnen danken.

Schließlich ist es nicht so wichtig, welche äußere Form die Liebesrituale haben. In verschiedenen Zeiten und Kulturen haben sich diese Formen immer wieder geändert. Wichtig ist nur, dass es sie gibt und dass wir nicht darauf vergessen. Denn jede Liebe will umworben sein. Und jede Werbung braucht eine Form, durch die unsere liebevolle Absicht sichtbar wird.

❭ GESCHAFFT!

Wenn man es geschafft hat, ein Buch fertig zu schreiben, dann ist dies immer ein sehr schöner Augenblick. Dies ist vergleichbar mit den Augenblicken, in denen man seine Liebste erobert oder immer wieder neu von seiner Liebe überzeugt. Wenn Sie bis hierher gelesen haben und Ihre Beziehung nach wie vor besteht, dann haben Sie es geschafft. Sie haben alles für Ihre Beziehung getan und ernten die Liebe und Zuwendung, nach der Sie sich sehnen. Oder Sie haben endlich das Problem entdeckt, das Ihnen bis jetzt Ihr Liebesleben erschwert hat. Vielleicht üben Sie gerade die neuen Schritte, die Sie zu einem guten Liebenden oder einer guten Liebenden machen.

Vielleicht sind Sie auch rundum geschafft wegen der vielen Probleme, die Sie lösen mussten oder die Ihnen Ihr Partner noch zur Lösung aufgibt. Vielleicht wollten Sie auch schon oft aufgeben, weil Ihnen der Preis zu hoch schien, um Ihren Partner zu halten und die Entwicklungen voranzutreiben, die für Ihre Beziehung notwendig sind.

Geben Sie auf keinen Fall auf. Der Einsatz für eine Beziehung lohnt sich auf jeden Fall, auch wenn sich diese am Schluss als Lebensabschnittsbeziehung herausstellt. Jedes Erlebnis mit Ihrem Partner, sei es gut oder schwierig, wird Ihnen in unvergesslicher Erinnerung bleiben. Mit dem Abstand einiger Jahre werden Sie über vieles schmunzeln können, was Ihnen heute vielleicht als Scheidungsgrund vorkommt. Auf vieles, worauf Sie in der Hitze des Beziehungsgefechts gern verzichten würden, werden Sie später stolz sein.

Beim Schreiben dieses Buches war ich von all den Geschichten berührt, die die Paare erlebt haben, die sich mir als Psychologen anvertraut haben. Ich denke auch gerne an die vielen Szenen meiner eigenen Ehe zurück, die mich zu der Persönlichkeit gemacht haben, die ich heute bin. Wann immer etwas schwierig war, dann haben unser beider Ausdauer und Wille uns zu guten Lösungen geführt.

Niemand behauptet, dass Liebesbeziehungen immer leicht zu führen sind. Ich bin mir aber sicher, dass das Ergebnis der Beziehungsarbeit jeden Einsatz rechtfertigt. So möchte ich Ihnen, liebe Leserinnen und Leser, Mut machen, auf dem Weg Ihrer Liebe Ihre ganze Kraft einzusetzen, um Ihren Liebsten oder Ihre Liebste zu gewinnen – jeden Tag aufs Neue.

Danksagung

Viele haben zum Entstehen dieses Buches beigetragen.

Ich danke den großen Vätern der Psychotherapie:
Sigmund Freud für die Entdeckung der Übertragungsmuster, die unsere Wahrnehmung von Beziehungen beeinflussen.
Carl Rogers für die Entdeckung des einfühlenden Verstehens, mit dem man jedes Beziehungsproblem lösen kann.

Ich danke meiner Frau dafür, dass sie mir in all unseren Lernprozessen eine offene und ehrliche Partnerin war und ist.
Ich danke meinen Eltern, die mir vorgelebt haben, dass keine Schwierigkeit der Welt es wert ist, dafür seine Liebe aufzugeben.

Ich danke den vielen Paaren, die mir ihre Probleme anvertraut haben. Es waren ausnahmslos liebenswerte Menschen, denen ich von ganzem Herzen wünschte, dass Sie wieder zueinander finden.

Ich danke Ihnen, liebe Leser, dass Sie sich auf ein Stück Weges mit Ihrem Herzen eingelassen haben. Sie werden es nicht bereuen, denn Ihr Herz wird es Ihnen danken.

Rüdiger Opelt

Rüdiger Opelt ist 1953 in Linz geboren. Er studierte Psychologie und Psychopathologie in Salzburg und war dort leitender Psychologe des Kinderspitals. Er arbeitet als klinischer Psychologe, Partnertherapeut, Autor und Seminarleiter in freier Praxis in Salzburg. In seinen Büchern entwickelt er einen integrativen Ansatz aus Tiefenpsychologie, humanistischer und systemischer Psychotherapie. In seinen Partnertherapien verbindet er praktische Übungen mit der Aufdeckung alter Familien- und Partnermuster. Durch seine Art der Partnertherapie können Ehekrisen überwunden und die Partnerbeziehung auf eine neue intensivere Basis gestellt werden. Wenn beide Partner Verantwortung für die Beziehung zeigen, hört das Pech in der Liebe auf.
Rüdiger Opelt ist seit 23 Jahren verheiratet und hat zwei bereits erwachsene Kinder.

Literatur

❭ Bradshaw, J.; van Laak, J.: Familiengeheimnisse. München 1999
❭ Erikson, E. H.: Kindheit und Gesellschaft, Stuttgart 1974.
❭ Gray, J. u. Schossig, M.: Männer sind anders. Frauen auch:
  Männer sind vom Mars. Frauen von der Venus. München 1998.
❭ Hendrix, H.: So viel Liebe wie Du brauchst.
  Der Wegbegleiter für eine erfüllte Beziehung. Götz Vlg 2007.
❭ Jellouschek, J.: Wie Partnerschaft gelingt - Spielregeln der Liebe:
  Beziehungskrisen sind Entwicklungschancen. Freiburg 2008.
❭ Mayo, J.White, O; und Eysenck, H.J.: An empirical study
  of the relation between astrological factors and personality.
  In: Journal of Social Psychology, 1987, Bd. 105, S. 229-236.
❭ Opelt, R.: Der biographische Hintergrund von Ledigen mittleren
  Alters unter besonderer Berücksichtigung geschlechtsspezifischer
  Unterschiede, Dissertation, Univ. Salzburg 1980.
❭ Opelt, R.: Die prozeßorientierte Familientherapie.
  In: Personzentriert, Zeitschrift d. ÖGwG, Wien 1/1995 (1995 a).
❭ Opelt, R.: Methodik der Tiefenpsychologie,
  Eigenverlag Salzburg 1995 (1995 b).
❭ Opelt, R.: Grundlagen der Familienarbeit,
  Eigenverlag Salzburg 1996 (1996 a).
❭ Opelt, R.: Kinderpsychosomatik, Eigenverlag Salzburg 1996 (1996 b).
❭ Opelt, R.: Entwicklung der Persönlichkeit,
  Eigenverlag Salzburg 1997 (1997 a).
❭ Opelt, R.: Psychologische Interventionsstrategien
  bei Kindern und Jugendlichen, Eigenvlg Salzburg 1997 (1997 b).
❭ Opelt, R.: Familienstrukturen, Elternpersönlichkeit, Eltern-Kind-
  Beziehung. 2. überarb. Auflage, Eigenvlg Salzburg 1999 (1999 a).
❭ Opelt, R.: Entstehung, (Selbsterfahrungsgedichte)
  Eigenverlag, Salzburg 1999 (1999 b).
❭ Opelt, R.: Seelenmärchen (Selbsterfahrungsgeschichten)
  Eigenverlag, Salzburg 1999 (1999c).
❭ Opelt, R.: Bindungsangst, Eigenverlag Salzburg 1999 (1999 d).
❭ Opelt, R.: Generationenübergreifende Beziehungsmuster als famili-
  enpsychologisches Erklärungsmodell.
  In: Psychologie in Österreich 1/99 Wien (1999e).

❱ Opelt, R.: Erziehung - Wie mach ichs richtig?
In: Kinderbegleitung, 3/99 S21-22, (1999f).

❱ Opelt, R..: Erziehung und Beziehung, oder Wer zieht wohin,
In: Die Wege 3/99 (1999g).

❱ Opelt, R.: Die Kinder des Tantalus.. Czernin Verlag, Wien 2002.

❱ Opelt, R: Elternpersönlichkeit und Kinderprobleme.
In: Bräuche im Salzburger Land. CD 3. Salzburg 2003.

❱ Opelt, R.: Ohne Schmerzen. Kriminalroman. Wien, Juni 2005.

❱ Opelt, R: Zaubere dein Leben. Wien Juni 2006.

❱ Opelt, R: Without Pain. Riverside, California. Oktober 2007.

❱ Opelt, R: Familienmuster. Wien 2008.

❱ Opelt, R: Die Macht der schwarzen Magier. Dortmund 2008.

❱ Opelt,R: Familienmuster und Tinnitus. In: Tinnitus-Forum 1/2009.

❱ Pease, A.; Pease, B. u Giese, A.: Warum Männer nicht zuhören
und Frauen schlecht einparken: Ganz natürliche Erklärungen
für eigentlich unerklärliche Schwächen. Ullstein 2000.

❱ Richter, H.E.: Eltern, Kind und Neurose. Reinbek 1969.

❱ Stierlin, H.: Delegation und Familie. Frankfurt 1982.

❱ Wambach, H.: Leben vor dem Leben. Heyne 1991.

❱ Willi, J.: Die Zweierbeziehung. Rowohlt 1990.

❱ Zurhorst, E.M.: Liebe dich selbst und es ist egal,
wen du heiratest. München 2007.